# 기본 연산
# Check-Book

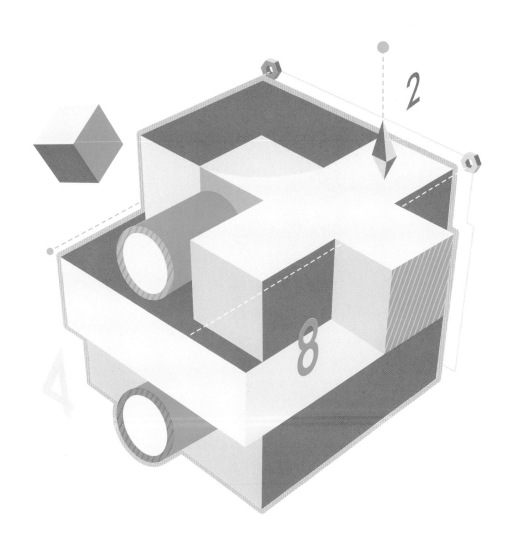

## 6세 1호

10까지의 수

# 9까지의 수

❶ ● 　 1 | | | | | | | 　일 | 하나

❷ ●● 　 2 2 2 2 2 2 2 2 　이 | 둘

❸ ●●● 　 3 3 3 3 3 3 3 3 　삼 | 셋

❹ ●●●● 　 4 4 4 4 4 4 4 4 　사 | 넷

❺ ●●●●● 　 5 5 5 5 5 5 5 5 　오 | 다섯

❻ ●●●●●● 　 6 6 6 6 6 6 6 6 　육 | 여섯

❼ ●●●●●●● 　 7 7 7 7 7 7 7 7 　칠 | 일곱

❽ ●●●●●●●● 　 8 8 8 8 8 8 8 8 　팔 | 여덟

❾ ●●●●●●●●● 　 9 9 9 9 9 9 9 9 　구 | 아홉

⑩ 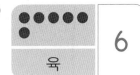 육 | 6

⑪  삼

⑫  오

⑬ 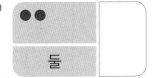 둘

⑭  구

⑮  일

⑯  칠

⑰  팔

⑱  사

⑲  넷 | 4

⑳  아홉

㉑  일곱

㉒  하나

㉓  다섯

㉔  둘

㉕  여섯

㉖  셋

㉗  여덟

자르는 선

# 수 세기

①  7

②

③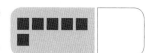

④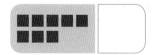

⑤

⑥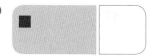

⑦

⑧

⑨

⑩

⑪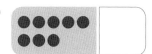

⑫

⑬

⑭

⑮

⑯

⑰

⑱

자르는 선

⑲

⑳

㉑

㉒

㉓

㉔

㉕

㉖

㉗

㉘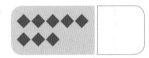

㉙

㉚

㉛

㉜

㉝

㉞

㉟

㊱

자르는 선

# 수의 순서

① 1 — 2 — 3 — 4 — ☐ — ☐ — 7 — 8 — 9

② 1 — 2 — ☐ — ☐ — 5 — 6 — 7 — 8 — 9

③ 1 — 2 — 3 — 4 — 5 — 6 — 7 — ☐ — ☐

④ ☐ — ☐ — 3 — 4 — 5 — 6 — 7 — 8 — 9

⑤ 1 — 2 — 3 — ☐

⑥ 4 — 5 — 6 — ☐

⑦ 6 — 7 — 8 — ☐

⑧ 2 — 3 — 4 — ☐

⑨ ☐ — 4 — 5 — 6

⑩ ☐ — 6 — 7 — 8

⑪ ☐ — 5 — 6 — 7

⑫ ☐ — 2 — 3 — 4

⑬ 3 — 4 — ☐ — 6

⑭ 5 — 6 — ☐ — 8

⑮ 9 — 8 — 7 — 6 — ☐ — ☐ — 3 — 2 — 1

⑯ 9 — 8 — ☐ — ☐ — 5 — 4 — 3 — 2 — 1

⑰ 9 — 8 — 7 — 6 — 5 — 4 — ☐ — ☐ — 1

⑱ ☐ — ☐ — 7 — 6 — 5 — 4 — 3 — 2 — 1

⑲ 9 — 8 — 7 — ☐          ⑳ 4 — 3 — 2 — ☐

㉑ 5 — 4 — 3 — ☐          ㉒ 7 — 6 — 5 — ☐

㉓ ☐ — 5 — 4 — 3          ㉔ ☐ — 7 — 6 — 5

㉕ ☐ — 8 — 7 — 6          ㉖ ☐ — 4 — 3 — 2

㉗ 8 — 7 — ☐ — 5          ㉘ 6 — ☐ — 4 — 3

**①**

| 셋 | | | | | | | | | | 3 |
| 셋째 | | | | | | | | | | |

**②**

| 다섯 | | | | | | | | | | 5 |
| 다섯째 | | | | | | | | | | |

**③**

| 여섯 | | | | | | | | | | 6 |
| 여섯째 | | | | | | | | | | |

**④**

| 넷 | | | | | | | | | | 4 |
| 넷째 | | | | | | | | | | |

**⑤**

| 일곱 | | | | | | | | | | 7 |
| 일곱째 | | | | | | | | | | |

**⑥**

| 둘 | | | | | | | | | | 2 |
| 둘째 | | | | | | | | | | |

**⑦**

| 여덟 | | | | | | | | | | 8 |
| 여덟째 | | | | | | | | | | |

자르는 선

다섯째(5)

일곱째(7)

둘째(2)

첫째(1)

넷째(4)

아홉째(9)

여섯째(6)

셋째(3)

여덟째(8)

다섯째(5)

자르는 선

❶ 6 ─ㅣ큰 수→ 7

❷ 4 ─ㅣ큰 수→ ☐

❸ 5 ─ㅣ큰 수→ ☐

❹ 7 ─ㅣ큰 수→ ☐

❺ 1 ─ㅣ큰 수→ ☐

❻ 2 ─ㅣ큰 수→ ☐

❼ 3 ─ㅣ큰 수→ ☐

❽ 8 ─ㅣ큰 수→ ☐

❾ 6 ─ㅣ큰 수→ ☐

❿ ☐ ←ㅣ작은 수─ 6

⓫ ☐ ←ㅣ작은 수─ 5

⓬ ☐ ←ㅣ작은 수─ 8

⓭ ☐ ←ㅣ작은 수─ 9

⓮ ☐ ←ㅣ작은 수─ 4

⓯ ☐ ←ㅣ작은 수─ 3

⓰ ☐ ←ㅣ작은 수─ 2

⓱ ☐ ←ㅣ작은 수─ 7

⓲ ☐ ←ㅣ작은 수─ 6

⓳ ☐ ←ㅣ작은 수─ 8 ─ㅣ큰 수→ ☐

⓴ ☐ ←ㅣ작은 수─ 4 ─ㅣ큰 수→ ☐

㉑ ☐ ←ㅣ작은 수─ 5 ─ㅣ큰 수→ ☐

㉒ ☐ ←ㅣ작은 수─ 7 ─ㅣ큰 수→ ☐

㉓ ☐ ←ㅣ작은 수─ 6 ─ㅣ큰 수→ ☐

㉔ ☐ ←ㅣ작은 수─ 3 ─ㅣ큰 수→ ☐

자르는 선

㉕ 1 작은 수     1 큰 수

☐ ― **2** ― ☐

☐ ― **3** ― ☐

☐ ― **4** ― ☐

㉖ 1 작은 수     1 큰 수

☐ ― **8** ― ☐

☐ ― **7** ― ☐

☐ ― **6** ― ☐

㉗ 1 작은 수     1 큰 수

☐ ― **5** ― ☐

☐ ― **6** ― ☐

☐ ― **7** ― ☐

㉘ 1 작은 수     1 큰 수

☐ ― **5** ― ☐

☐ ― **4** ― ☐

☐ ― **3** ― ☐

㉙ 1 작은 수     1 큰 수

☐ ― **2** ― ☐

☐ ― **8** ― ☐

☐ ― **4** ― ☐

㉚ 1 작은 수     1 큰 수

☐ ― **5** ― ☐

☐ ― **7** ― ☐

☐ ― **3** ― ☐

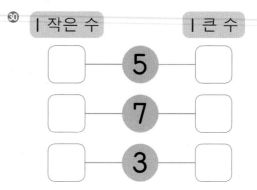

자르는 선

# 수의 크기

**❶** 큰 수
3　⑦

**❷** 큰 수
4　2

**❸** 큰 수
8　7

**❹** 큰 수
9　6

**❺** 큰 수
3　8

**❻** 큰 수
2　5

**❼** 큰 수
4　1

**❽** 큰 수
7　9

**❾** 큰 수
5　6

**❿** 작은 수
④　7

**⓫** 작은 수
8　4

**⓬** 작은 수
9　8

**⓭** 작은 수
2　1

**⓮** 작은 수
3　5

**⓯** 작은 수
6　8

**⓰** 작은 수
9　3

**⓱** 작은 수
7　5

**⓲** 작은 수
1　6

⑲ 가장 큰 수
4  ⑦  6

⑳ 가장 큰 수
9  7  2

㉑ 가장 큰 수
5  1  8

㉒ 가장 큰 수
6  8  3

㉓ 가장 큰 수
3  4  7

㉔ 가장 큰 수
8  5  2

㉕ 가장 큰 수
4  9  5

㉖ 가장 큰 수
2  6  8

㉗ 가장 큰 수
1  2  4

㉘ 가장 작은 수
3  ②  7

㉙ 가장 작은 수
8  4  2

㉚ 가장 작은 수
2  9  8

㉛ 가장 작은 수
1  5  3

㉜ 가장 작은 수
4  3  1

㉝ 가장 작은 수
9  8  5

㉞ 가장 작은 수
6  1  4

㉟ 가장 작은 수
7  6  2

㊱ 가장 작은 수
5  7  6

❶

7

❷

❸

❹

❺

❻

❼

❽

❾

❿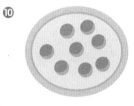

⓫

⓬

⓭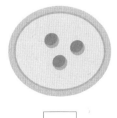

⓮

⓯

⓰

자르는 선

⑰ | 5보다 큰 수 | 0 1 2 3 4 5 ⑥⑦⑧⑨⑩

⑱ | 6보다 큰 수 | 0 1 2 3 4 5 6 7 8 9 10

⑲ | 8보다 큰 수 | 0 1 2 3 4 5 6 7 8 9 10

⑳ | 7보다 큰 수 | 0 1 2 3 4 5 6 7 8 9 10

㉑ | 4보다 작은 수 | ⓪①②③ 4 5 6 7 8 9 10

㉒ | 5보다 작은 수 | 0 1 2 3 4 5 6 7 8 9 10

㉓ | 3보다 작은 수 | 0 1 2 3 4 5 6 7 8 9 10

㉔ | 6보다 작은 수 | 0 1 2 3 4 5 6 7 8 9 10

자르는 선

# 8주 2 큰 수 2 작은 수

①  3 —1큰수→ 4 —1큰수→ 5

②  7 —1큰수→ ☐ —1큰수→ ☐

③  6 —1큰수→ ☐ —1큰수→ ☐

④ 5 —1큰수→ ☐ —1큰수→ ☐

⑤ 1 —1큰수→ ☐ —1큰수→ ☐

⑥ 4 —1큰수→ ☐ —1큰수→ ☐

⑦ 8 —1큰수→ ☐ —1큰수→ ☐

⑧ 2 —1큰수→ ☐ —1큰수→ ☐

⑨ ☐ ←1작은수— ☐ ←1작은수— 3

⑩ ☐ ←1작은수— ☐ ←1작은수— 2

⑪ ☐ ←1작은수— ☐ ←1작은수— 7

⑫ ☐ ←1작은수— ☐ ←1작은수— 9

⑬ ☐ ←1작은수— ☐ ←1작은수— 4

⑭ ☐ ←1작은수— ☐ ←1작은수— 8

⑮ ☐ ←1작은수— ☐ ←1작은수— 6

⑯ ☐ ←1작은수— ☐ ←1작은수— 5

⑰ 3 —2 큰 수→ 5　　⑱ 5 —2 큰 수→ ☐　　⑲ 8 —2 큰 수→ ☐

⑳ 6 —2 큰 수→ ☐　　㉑ 7 —2 큰 수→ ☐　　㉒ 1 —2 큰 수→ ☐

㉓ ☐ ←2 작은 수— 4　　㉔ ☐ ←2 작은 수— 7　　㉕ ☐ ←2 작은 수— 2

㉖ ☐ ←2 작은 수— 9　　㉗ ☐ ←2 작은 수— 8　　㉘ ☐ ←2 작은 수— 6

㉙ 2 ←2 작은 수— 4 —2 큰 수→ 6　　㉚ ☐ ←2 작은 수— 7 —2 큰 수→ ☐

㉛ ☐ ←2 작은 수— 5 —2 큰 수→ ☐　　㉜ ☐ ←2 작은 수— 2 —2 큰 수→ ☐

㉝ ☐ ←2 작은 수— 8 —2 큰 수→ ☐　　㉞ ☐ ←2 작은 수— 3 —2 큰 수→ ☐

㉟ ☐ ←2 작은 수— 7 —2 큰 수→ ☐　　㊱ ☐ ←2 작은 수— 6 —2 큰 수→ ☐

# 정 답

## 1주 9까지의 수
1~2쪽

❶~❾ 생략   ❿ 6   ⓫ 3   ⓬ 5   ⓭ 2   ⓮ 9   ⓯ 1   ⓰ 7   ⓱ 8   ⓲ 4   ⓳ 4
⓴ 9   ㉑ 7   ㉒ 1   ㉓ 5   ㉔ 2   ㉕ 6   ㉖ 3   ㉗ 8

## 2주 수 세기
3~4쪽

❶ 7   ❷ 2   ❸ 6   ❹ 8   ❺ 4   ❻ 1   ❼ 5   ❽ 9   ❾ 3   ❿ 2   ⓫ 8   ⓬ 1
⓭ 3   ⓮ 7   ⓯ 5   ⓰ 6   ⓱ 9   ⓲ 4   ⓳ 3   ⓴ 5   ㉑ 7   ㉒ 2   ㉓ 1   ㉔ 6
㉕ 9   ㉖ 8   ㉗ 4   ㉘ 8   ㉙ 7   ㉚ 2   ㉛ 6   ㉜ 5   ㉝ 3   ㉞ 9   ㉟ 4   ㊱ 1

## 3주 수의 순서
5~6쪽

❶ 5,6   ❷ 3,4   ❸ 8,9   ❹ 1,2   ❺ 4   ❻ 7   ❼ 9   ❽ 5   ❾ 3   ❿ 5   ⓫ 4   ⓬ 1
⓭ 5   ⓮ 7   ⓯ 5,4   ⓰ 7,6   ⓱ 3,2   ⓲ 9,8   ⓳ 6   ⓴ 1   ㉑ 2   ㉒ 4   ㉓ 6   ㉔ 8
㉕ 9   ㉖ 5   ㉗ 6   ㉘ 5

## 4주 순서수
7~8쪽

❶   ❷   ❸   ❹
❺   ❻   ❼   ❽
❾   ❿   ⓫   ⓬
⓭   ⓮   ⓯   ⓰
⓱

## 5주 1 큰 수 1 작은 수
9~10쪽

❶ 7   ❷ 5   ❸ 6   ❹ 8   ❺ 2   ❻ 3   ❼ 4   ❽ 9   ❾ 7   ❿ 5   ⓫ 4   ⓬ 7
⓭ 8   ⓮ 3   ⓯ 2   ⓰ 1   ⓱ 6   ⓲ 5   ⓳ 7,9   ⓴ 3,5   ㉑ 4,6   ㉒ 6,8   ㉓ 5,7   ㉔ 2,4
㉕ 1,3,2,4,3,5   ㉖ 7,9,6,8,5,7   ㉗ 4,6,5,7,6,8   ㉘ 4,6,3,5,2,4
㉙ 1,3,7,9,3,5   ㉚ 4,6,6,8,2,4

## 6주 수의 크기
11~12쪽

❶ 7   ❷ 4   ❸ 8   ❹ 9   ❺ 8   ❻ 5   ❼ 4   ❽ 9   ❾ 6   ❿ 4   ⓫ 4   ⓬ 8
⓭ 1   ⓮ 3   ⓯ 6   ⓰ 3   ⓱ 5   ⓲ 1   ⓳ 7   ⓴ 9   ㉑ 8   ㉒ 8   ㉓ 7   ㉔ 8
㉕ 9   ㉖ 8   ㉗ 4   ㉘ 2   ㉙ 2   ㉚ 2   ㉛ 1   ㉜ 1   ㉝ 5   ㉞ 1   ㉟ 2   ㊱ 5

## 7주 조건과 수
13~14쪽

❶ 7   ❷ 8   ❸ 9   ❹ 10   ❺ 3   ❻ 2   ❼ 1   ❽ 0   ❾ 7   ❿ 8   ⓫ 9   ⓬ 10
⓭ 3   ⓮ 2   ⓯ 1   ⓰ 0   ⓱ 6,7,8,9,10   ⓲ 7,8,9,10   ⓳ 9,10   ⓴ 8,9,10
㉑ 0,1,2,3   ㉒ 0,1,2,3,4   ㉓ 0,1,2   ㉔ 0,1,2,3,4,5

## 8주 2 큰 수 2 작은 수
15~16쪽

❶ 4,5   ❷ 8,9   ❸ 7,8   ❹ 6,7   ❺ 2,3   ❻ 5,6   ❼ 9,10   ❽ 3,4   ❾ 1,2   ❿ 0,1   ⓫ 5,6   ⓬ 7,8
⓭ 2,3   ⓮ 6,7   ⓯ 4,5   ⓰ 3,4   ⓱ 5   ⓲ 7   ⓳ 10   ⓴ 8   ㉑ 9   ㉒ 3   ㉓ 2   ㉔ 5
㉕ 0   ㉖ 7   ㉗ 6   ㉘ 4   ㉙ 2,6   ㉚ 5,9   ㉛ 3,7   ㉜ 0,4   ㉝ 6,10   ㉞ 1,5   ㉟ 5,9   ㊱ 4,8

# 사고셈

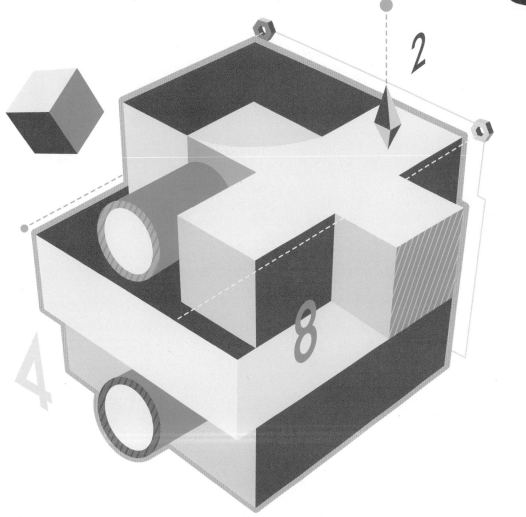

6세 1호

# 이 책의 구성과 특징

생각의 힘을 키우는 사고(思考)셈은 1주 4개, 8주 32개의 사고력 유형 학습을 통해 수와 연산에 대한 개념의 응용력(추론 및 문제해결능력)을 키울 수 있도록 하였습니다.

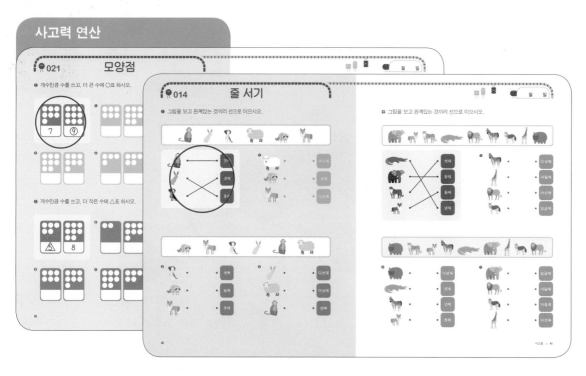

◆ 대표 사고력 유형으로 연산 원리를 쉽게쉽게
◆ 1~4일차: 다양한 유형의 주 진도 학습

◆ 5일차 점검 학습: 주 진도 학습 확인

## ● 권두부록 (기본연산 Check-Book)

**● 본 학습 전 기본연산 실력 진단**

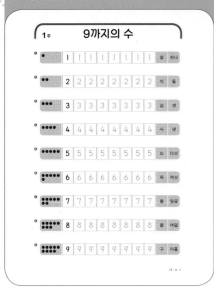

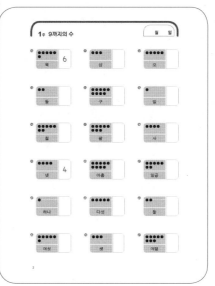

## ● 권말부록 (G-Book)

**● 문제와 답을 한 눈에!**

**● 상세한 풀이와 친절한 해설, 답**

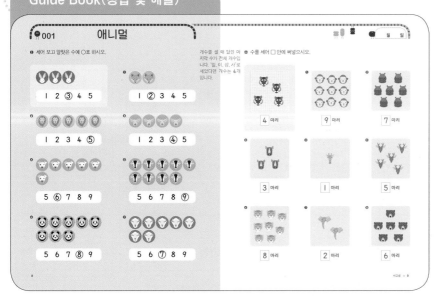

# 학습 효과 및 활용법

### ◢ 학습 효과

- 수학적 사고력 향상
- 생각의 다양성 향상
- 스스로 생각을 만드는 직관 학습
- 추론능력, 문제해결력 향상
- 연산의 원리 이해
- 수·연산 영역 완벽 대비
- 다양한 유형으로 수 조작력 향상
- 진도 학습 및 점검 학습으로 연산 학습 완성

사고셈

### ◢ 주차별 활용법

**1단계**
기본연산
Check-Book으로
준비 학습

→

**2단계**
사고력 유형으로
진도 학습

→

**3단계**
마무리 문제로
점검 학습

**1단계** : 기본연산 Check-Book으로 사고력 연산을 위한 준비 학습을 합니다.

**2단계** : 사고력 유형으로 사고력 연산의 진도 학습을 합니다.

**3단계** : 한 주마다 점검 학습(잘 공부했는지 알아봅시다)으로 사고력 향상을 확인합니다.

# 학습 구성

## 6세

| 1호 | 10까지의 수 |
|---|---|
| 2호 | 더하기 빼기 1과 2 |
| 3호 | 합이 9까지인 덧셈 |
| 4호 | 한 자리 수의 뺄셈과 세 수의 계산 |

## 7세

| 1호 | 한 자리 수의 덧셈과 뺄셈 |
|---|---|
| 2호 | 10 만들기 |
| 3호 | 50까지의 수 |
| 4호 | 더하기 빼기 1과 2, 10과 20 |

## 초등 1

| 1호 | 덧셈구구 |
|---|---|
| 2호 | 뺄셈구구와 덧셈, 뺄셈 혼합 |
| 3호 | 100까지의 수, 1000까지의 수 |
| 4호 | 받아올림, 받아내림 없는 두 자리 수의 계산 |

## 초등 2

| 1호 | 두 자리 수와 한 자리 수의 덧셈과 뺄셈 |
|---|---|
| 2호 | 두 자리 수의 덧셈과 뺄셈 |
| 3호 | 곱셈구구 |
| 4호 | 곱셈과 나눗셈 구구 |

## 초등 3

| 1호 | 세·네 자리 수의 덧셈과 뺄셈 |
|---|---|
| 2호 | 분수와 소수의 기초 |
| 3호 | 두 자리 수의 곱셈과 나눗셈 |
| 4호 | 분수 |

## 초등 4

| 1호 | 분수의 덧셈과 뺄셈 |
|---|---|
| 2호 | 혼합 계산 |
| 3호 | 소수의 덧셈과 뺄셈 |
| 4호 | 어림하기 |

# 이 책의 **학습 로드맵**

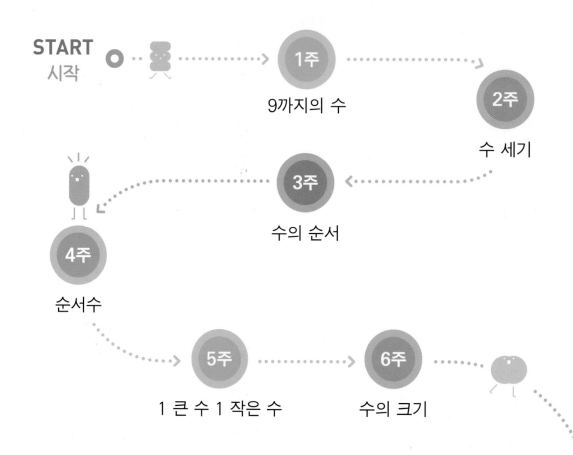

**START**
시작

**1주**
9까지의 수

**2주**
수 세기

**3주**
수의 순서

**4주**
순서수

**5주**
1 큰 수 1 작은 수

**6주**
수의 크기

**8주**
2 큰 수 2 작은 수

**7주**
조건과 수

**GOAL**
완성

# 1 9까지의 수

# 001

# 애니멀

● 세어 보고 알맞은 수에 ○표 하시오.

1  2  ③  4  5

1  2  3  4  5

1  2  3  4  5

1  2  3  4  5

5  6  7  8  9

5  6  7  8  9

5  6  7  8  9

5  6  7  8  9

➕ 수를 세어 ☐ 안에 써넣으시오.

4 마리

❶

☐ 마리

❷

☐ 마리

❸

☐ 마리

❹

☐ 마리

❺

☐ 마리

❻

☐ 마리

❼

☐ 마리

❽

☐ 마리

# 사과

● 주어진 수만큼 🍎 안에 색칠하시오.

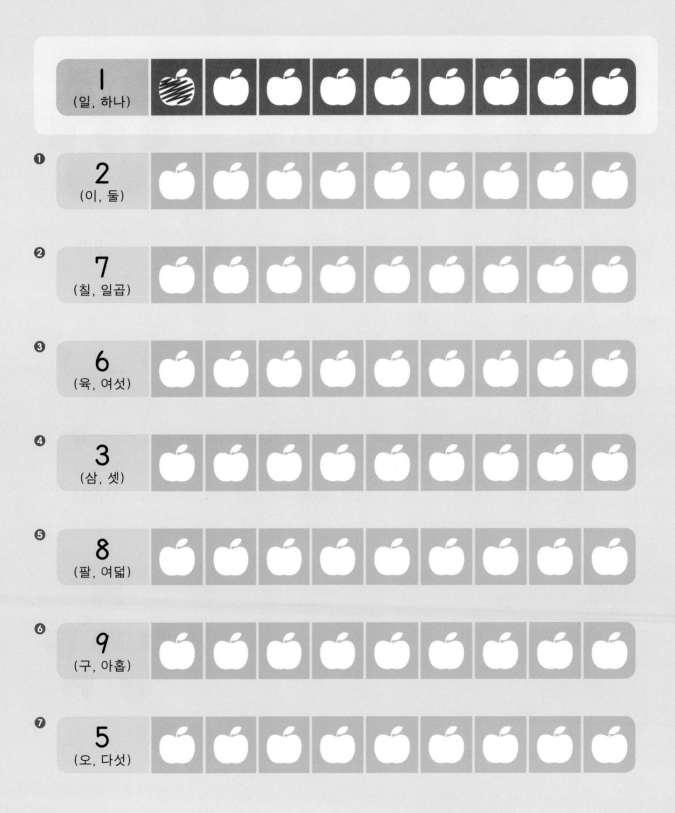

| | |
|---|---|
| 1 (일, 하나) | |
| ❶ 2 (이, 둘) | |
| ❷ 7 (칠, 일곱) | |
| ❸ 6 (육, 여섯) | |
| ❹ 3 (삼, 셋) | |
| ❺ 8 (팔, 여덟) | |
| ❻ 9 (구, 아홉) | |
| ❼ 5 (오, 다섯) | |

➕ 주어진 수만큼 ◯를 그려 🍎를 묶으시오.

| 3 | 삼(셋) |

❶

| 8 | 팔(여덟) |

❷
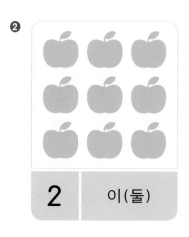

| 2 | 이(둘) |

❸

| 7 | 칠(일곱) |

❹

| 5 | 오(다섯) |

❺

| 9 | 구(아홉) |

❻
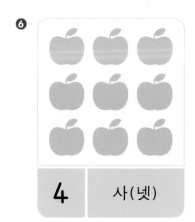

| 4 | 사(넷) |

❼
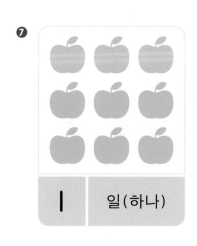

| 1 | 일(하나) |

❽

| 6 | 육(여섯) |

# 사탕과 쿠키

◑ 세어 보고, 알맞은 수를 □ 안에 써넣고, 바르게 읽은 것에 ○표 하시오.

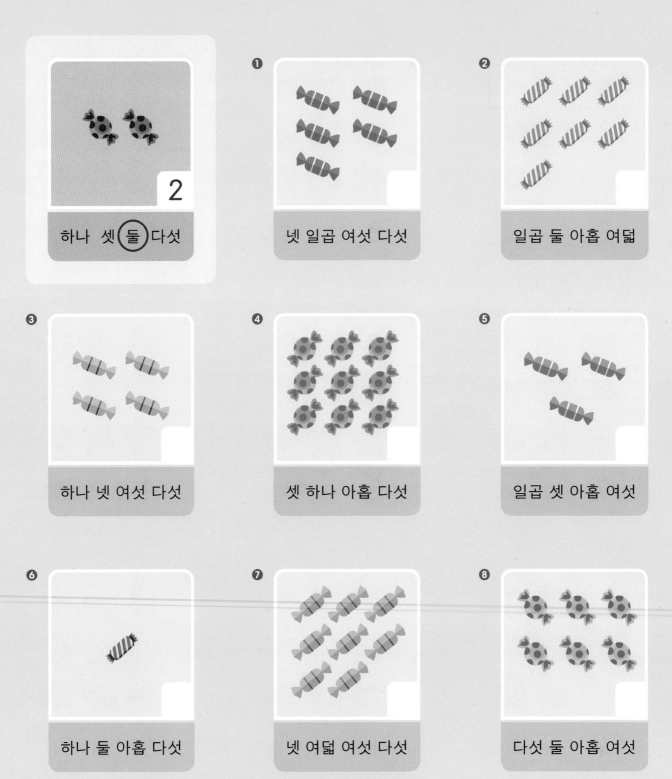

|  |  |
|---|---|
| **2** <br> 하나 셋 (둘) 다섯 | ❶ 넷 일곱 여섯 다섯 | ❷ 일곱 둘 아홉 여덟 |
| ❸ 하나 넷 여섯 다섯 | ❹ 셋 하나 아홉 다섯 | ❺ 일곱 셋 아홉 여섯 |
| ❻ 하나 둘 아홉 다섯 | ❼ 넷 여덟 여섯 다섯 | ❽ 다섯 둘 아홉 여섯 |

● 세어 보고, 관계있는 것에 모두 ○표 하시오.

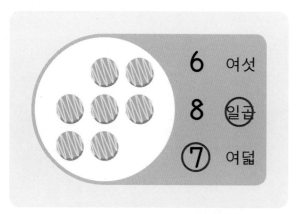

6    여섯

8    ⬤일곱

⑦    여덟

❶
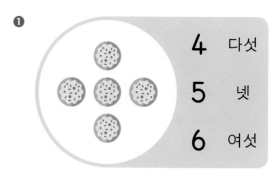

4    다섯

5    넷

6    여섯

❷

1    셋

2    둘

3    하나

❸
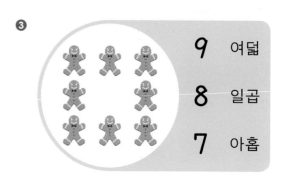

9    여덟

8    일곱

7    아홉

❹
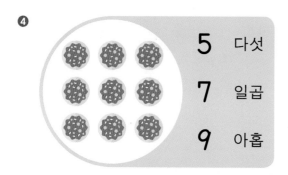

5    다섯

7    일곱

9    아홉

❺
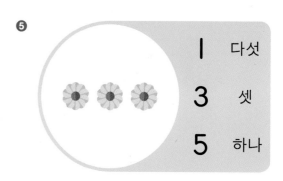

1    다섯

3    셋

5    하나

❻
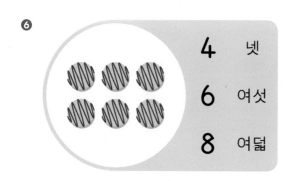

4    넷

6    여섯

8    여덟

❼
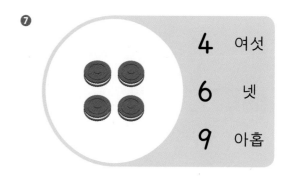

4    여섯

6    넷

9    아홉

# 도넛

○ 관계있는 것끼리 선으로 이으시오.

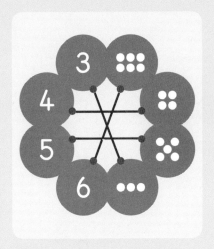

**①**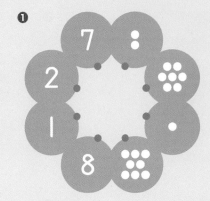

**②**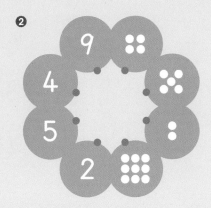

**③**

**④**

**⑤**

**⑥**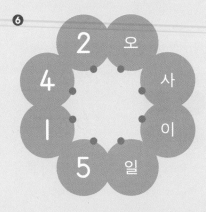

**⑦**

**⑧**

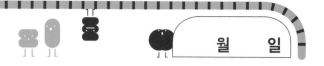

⊕ 가운데 수와 관계없는 것에 ×표 하시오.

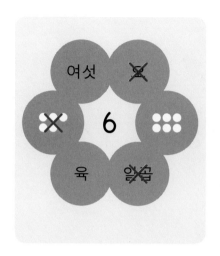

**1**
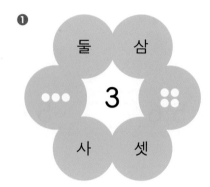

**2**
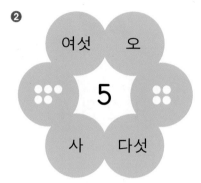

**3**
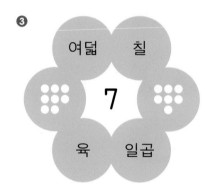

**4**
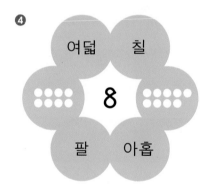

**5**
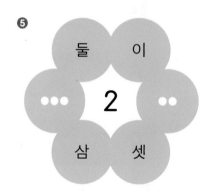

**6**
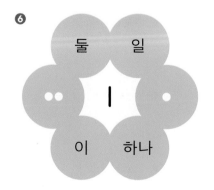

**7**
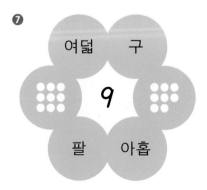

**8**
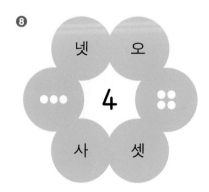

# 잘 공부했는지 알아봅시다

**1** 의 수를 세어 ◯표 하시오.

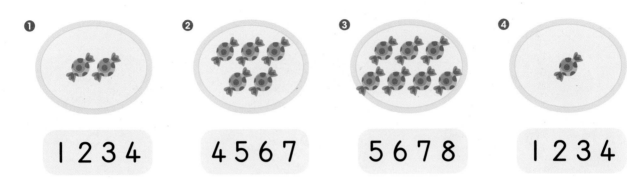

❶ 1 2 3 4
❷ 4 5 6 7
❸ 5 6 7 8
❹ 1 2 3 4

**2** 수에 맞게 색칠하시오.

❶ 4
❷ 6
❸ 9

**3** 관계있는 것끼리 선으로 이으시오.

5          팔(여덟)

3          삼(셋)

8          오(다섯)

# 수 세기

# 공

● 몇 개입니까?

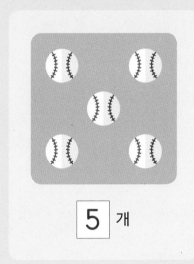

5 개

❶

☐ 개

❷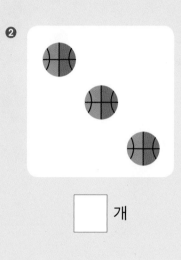

☐ 개

❸

☐ 개

❹

☐ 개

❺

☐ 개

❻

☐ 개

❼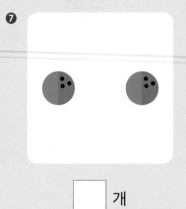

☐ 개

❽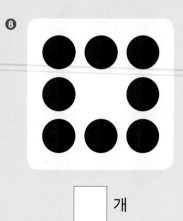

☐ 개

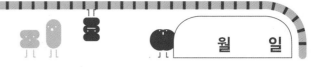

## ⊕ 몇 개입니까?

❶

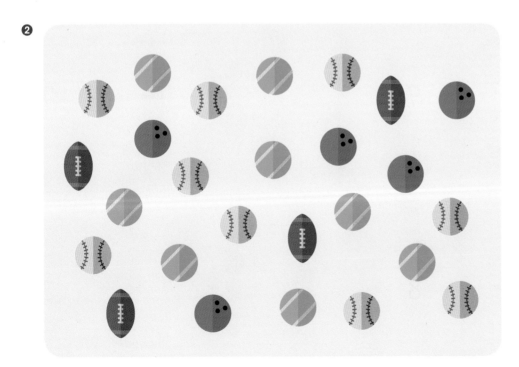

🏀 : **7** 개

⚽ : ☐ 개

🏐 : ☐ 개

🏸 : ☐ 개

❷

⚾ : ☐ 개

🏈 : ☐ 개

🎱 : ☐ 개

🎳 : ☐ 개

# 006

# 개미길

● 개수에 맞게 길을 선으로 이으시오.

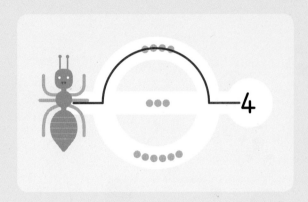

❶

❷

❸

❹

❺

❻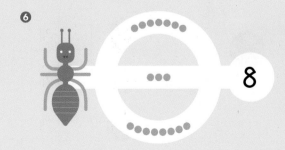

❼

## 개수에 맞게 길을 선으로 이으시오.

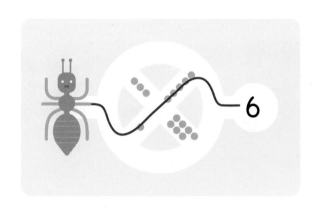

❶  5

❷ 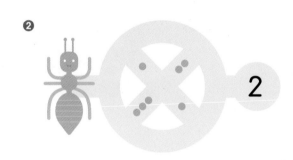 2

❸ 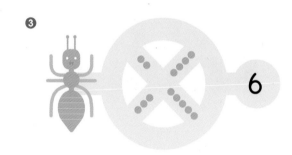 6

❹ 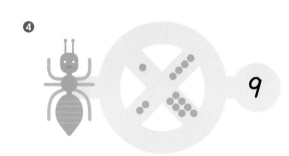 9

❺  3

❻ 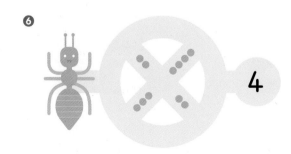 4

❼  8

 **007**

# 식스 도미노

◑ 점은 모두 몇 개입니까?

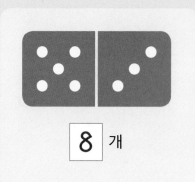

$\boxed{8}$ 개

❶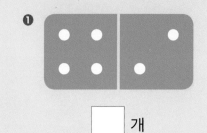

$\boxed{\phantom{0}}$ 개

❷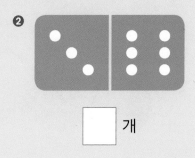

$\boxed{\phantom{0}}$ 개

❸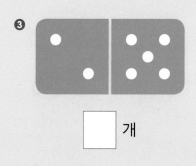

$\boxed{\phantom{0}}$ 개

❹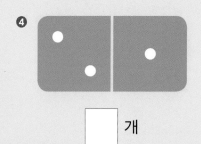

$\boxed{\phantom{0}}$ 개

❺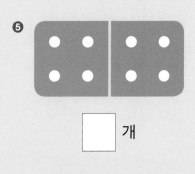

$\boxed{\phantom{0}}$ 개

❻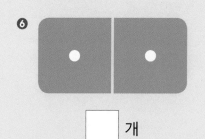

$\boxed{\phantom{0}}$ 개

❼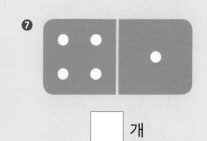

$\boxed{\phantom{0}}$ 개

❽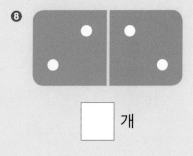

$\boxed{\phantom{0}}$ 개

❾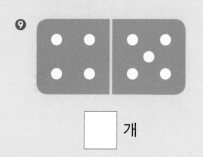

$\boxed{\phantom{0}}$ 개

❿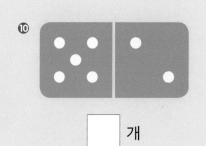

$\boxed{\phantom{0}}$ 개

⓫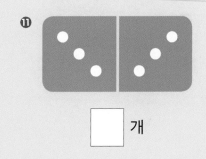

$\boxed{\phantom{0}}$ 개

● 수에 맞게 오른쪽 칸에 ○를 그리시오.

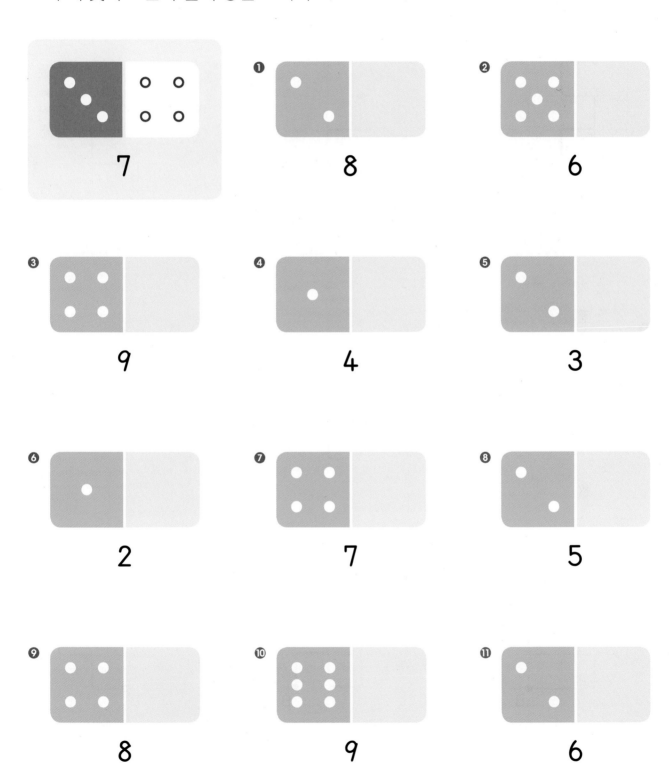

# 모눈

◑ 가로, 세로 한 칸의 길이는 1입니다. 선의 길이를 구하시오.

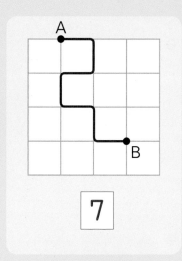

7

❶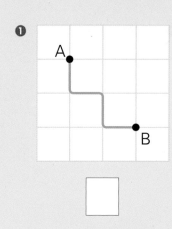



❷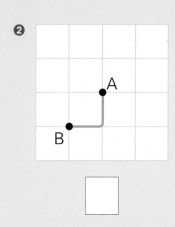



❸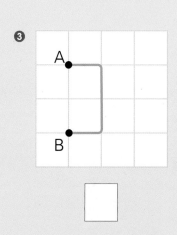



❹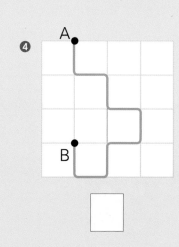



❺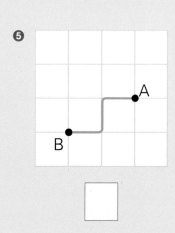



❻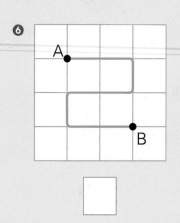



❼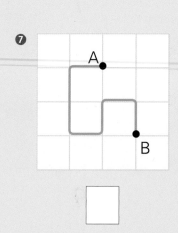



❽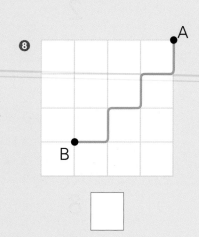

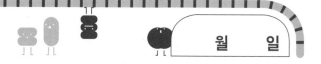

➕ 길이에 맞게 A와 B를 잇는 선을 그으시오.

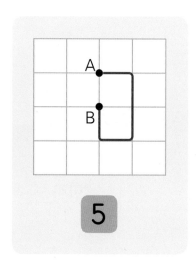

5

❶

6

❷
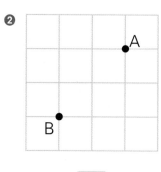

8

❸
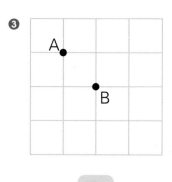

8

❹
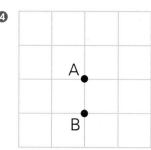

3

❺
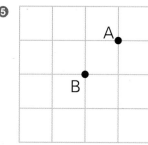

4

❻

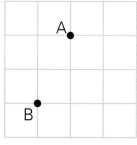

5

❼
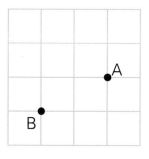

7

❽
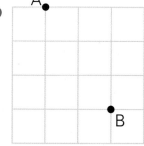

9

## 잘 공부했는지 알아봅시다

**1** 수를 세어 □ 안에 써 보시오.

❶

□ 마리

❷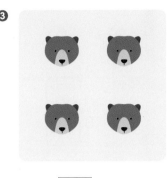

□ 마리

❸

□ 마리

**2** 수에 맞게 도미노의 오른쪽 칸에 ○를 그리시오.

❶

**9** 개

❷

**8** 개

❸

**5** 개

**3** 한 칸의 길이가 **l**입니다. 선의 길이를 구하시오.

❶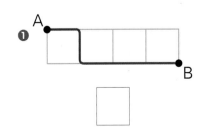

□

❷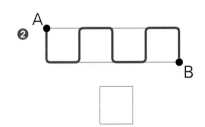

□

# 3 수의 순서

# 그림 완성

❶ 작은 수부터 차례로 이으시오.

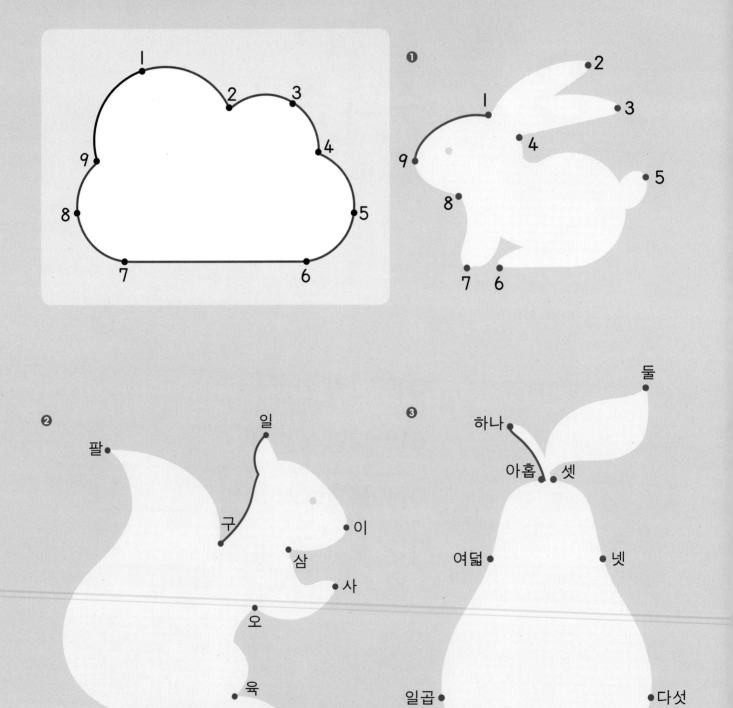

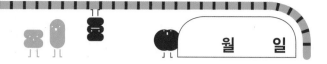

➕ 큰 수부터 차례로 이으시오.

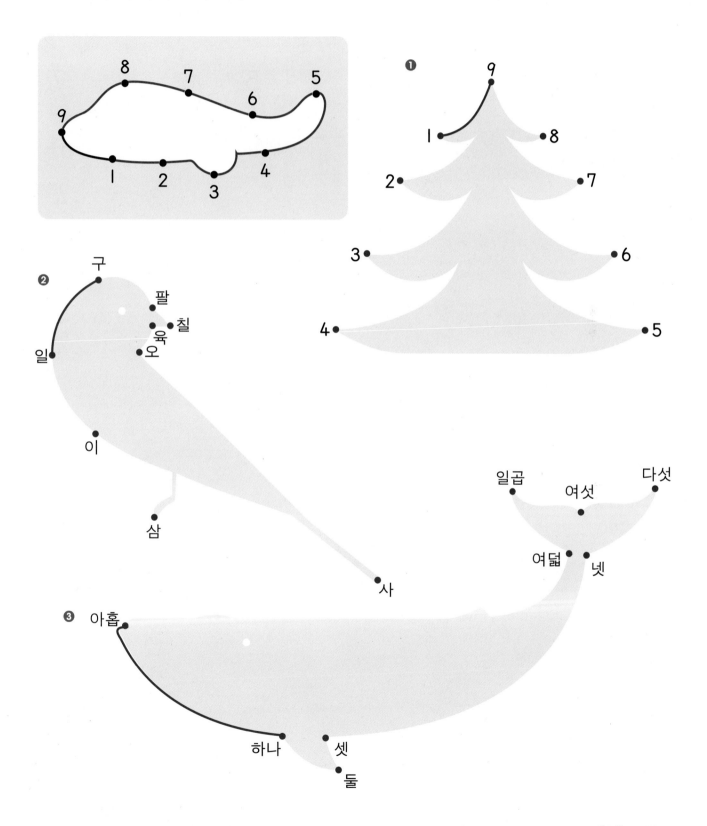

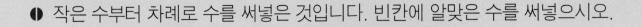

# 010

# 모양수 순서

● 작은 수부터 차례로 수를 써넣은 것입니다. 빈칸에 알맞은 수를 써넣으시오.

❶

❷

❸

❹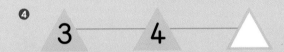

❺

● 큰 수부터 차례로 수를 써넣은 것입니다. 빈칸에 알맞은 수를 써넣으시오.

❻

❼

❽

❾

❿

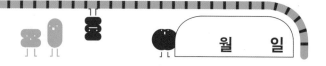

● 빈칸에 알맞은 수를 써넣으시오.

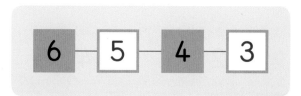

**❶**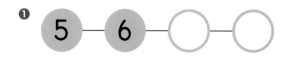

**❷**

**❸**

**❹**

**❺**

**❻**

**❼**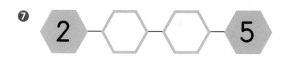

**❽**

**❾**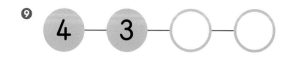

**❿**

**⓫**

# 011

# 볼넘버

● 작은 수부터 순서에 맞게 쓴 것입니다. 잘못 들어간 수에 ×표 하시오.

5 6 ⨂ 7 8

① 2 6 3 4 5

② 4 8 5 6 7

③ 1 2 5 3 4

④ 3 4 5 7 6

⑤ 5 6 7 4 8

● 큰 수부터 순서에 맞게 쓴 것입니다. 잘못 들어간 수에 ×표 하시오.

9 ⨂ 8 7 6

⑥ 5 4 3 7 2

⑦ 6 5 1 4 3

⑧ 8 7 9 6 5

⑨ 7 6 5 8 4

⑩ 9 5 8 7 6

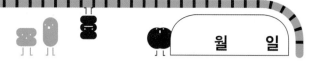

⊕ 공에 쓰인 수가 작은 수부터 순서대로 써넣으시오.

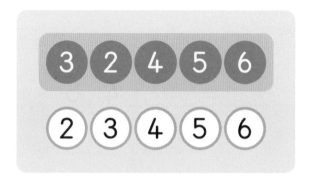

❶
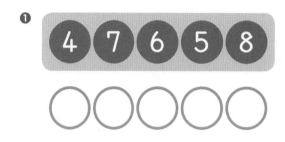

❷
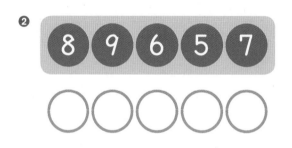

❸

⊕ 공에 쓰인 수가 큰 수부터 순서대로 써넣으시오.

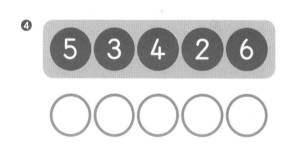

❹

❺
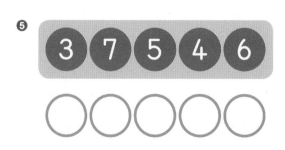

❻
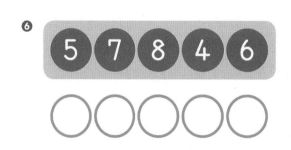

# 012 순서 선잇기

● 작은 수부터 차례로 선을 이으시오.

❶
시작 1 8
2 7
3 4 끝

❷
시작 3 2
4 5
8 6 끝

❸
시작 5 9
6 4
7 8 끝

❹
시작 2 3
6 4
7 5 끝

❺
시작 6 5
7 8
4 9 끝

● 큰 수부터 차례로 선을 이으시오.

❻
시작 8 9
7 4
6 5 끝

❼
시작 4 6
3 2
7 1 끝

❽
시작 9 5
8 4
7 6 끝

❾
시작 5 1
4 3
6 2 끝

❿
시작 6 5
7 4
8 3 끝

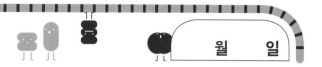

● 큰 수 또는 작은 수부터 수의 순서에 맞게 차례로 선을 이으시오.

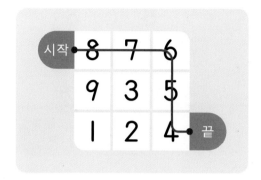

**①**

| 시작 | 2 | 3 | 8 |
|---|---|---|---|
| | 1 | 4 | 5 |
| | 9 | 7 | 6 끝 |

**②**

| 시작 | 5 | 4 | 2 |
|---|---|---|---|
| | 6 | 3 | 1 |
| | 7 | 8 | 9 끝 |

**③**

| 시작 | 6 | 7 | 8 |
|---|---|---|---|
| | 5 | 4 | 9 |
| | 1 | 3 | 2 끝 |

**④**

| 시작 | 9 | 1 | 2 |
|---|---|---|---|
| | 8 | 7 | 4 |
| | 3 | 6 | 5 끝 |

**⑤**

| 시작 | 1 | 2 | 8 |
|---|---|---|---|
| | 6 | 3 | 9 |
| | 7 | 4 | 5 끝 |

**⑥**

| 시작 | 3 | 2 | 1 |
|---|---|---|---|
| | 4 | 5 | 9 |
| | 8 | 6 | 7 끝 |

**⑦**

| 시작 | 7 | 8 | 9 |
|---|---|---|---|
| | 6 | 5 | 1 |
| | 2 | 4 | 3 끝 |

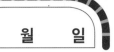

**1** 큰 수 또는 작은 수부터 순서에 맞게 차례로 선을 이으시오.

**2** 순서에 맞게 빈칸에 수를 써넣으시오.

**3** 순서에 맞게 쓴 것입니다. 잘못 들어간 수에 ×표 하시오.

**4** 순서를 거꾸로 하여 빈칸에 알맞은 말을 써넣으시오.

# 4 순서수

# 013

# 뱀

◑ 왼쪽부터 세어 ⚪에 색칠하시오.

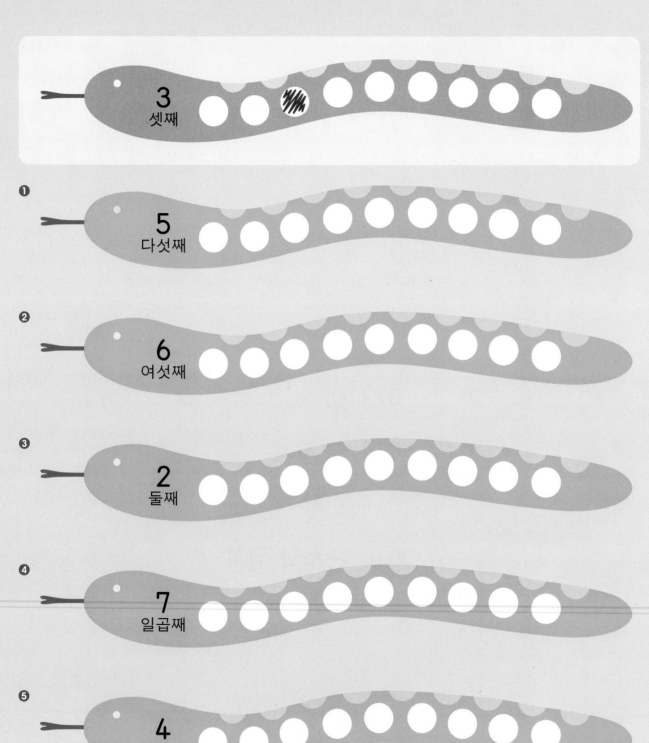

➕ 왼쪽부터 순서대로 세어 바르게 읽은 것에 ⬭표 하시오.

셋째
일곱째
여섯째

❶
둘째
넷째
셋째

❷
다섯째
일곱째
아홉째

❸
첫째
둘째
셋째

❹
여덟째
둘째
아홉째

❺
다섯째
넷째
여섯째

# 줄 서기

● 그림을 보고 관계있는 것끼리 선으로 이으시오.

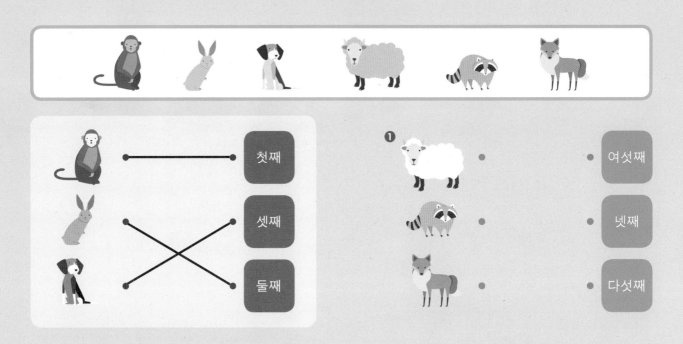

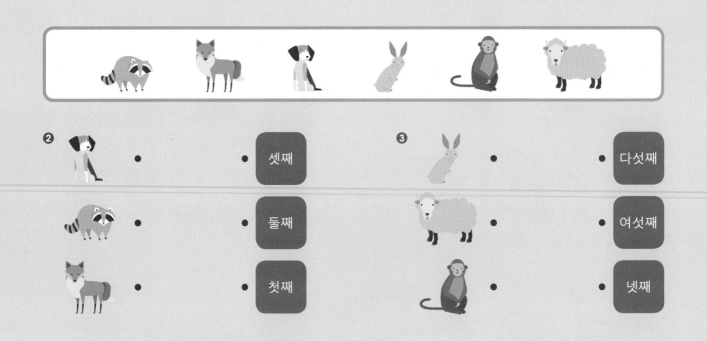

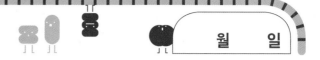 

✚ 그림을 보고 관계있는 것끼리 선으로 이으시오.

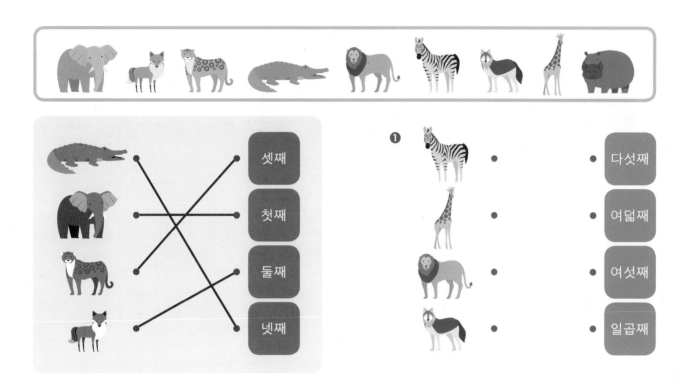

❶

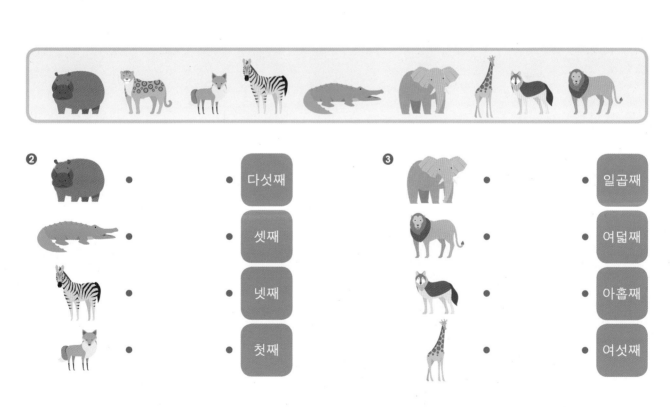

# 015

# 순서수

● 알맞게 색칠하시오.

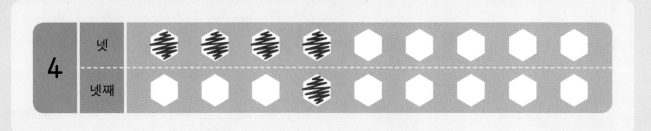

✚ 알맞게 색칠하시오.

셋째 ○ ○ ◐ ○ ○ ○ ○ ○ ○

❶ 다섯 ○ ○ ○ ○ ○ ○ ○ ○ ○

❷ 아홉 ○ ○ ○ ○ ○ ○ ○ ○ ○

❸ 여덟째 ○ ○ ○ ○ ○ ○ ○ ○ ○

❹ 넷 ○ ○ ○ ○ ○ ○ ○ ○ ○

❺ 둘 ○ ○ ○ ○ ○ ○ ○ ○ ○

❻ 일곱째 ○ ○ ○ ○ ○ ○ ○ ○ ○

❼ 여섯째 ○ ○ ○ ○ ○ ○ ○ ○ ○

# 순서수와 위치

◑ 위치에 맞게 ○표 하시오.

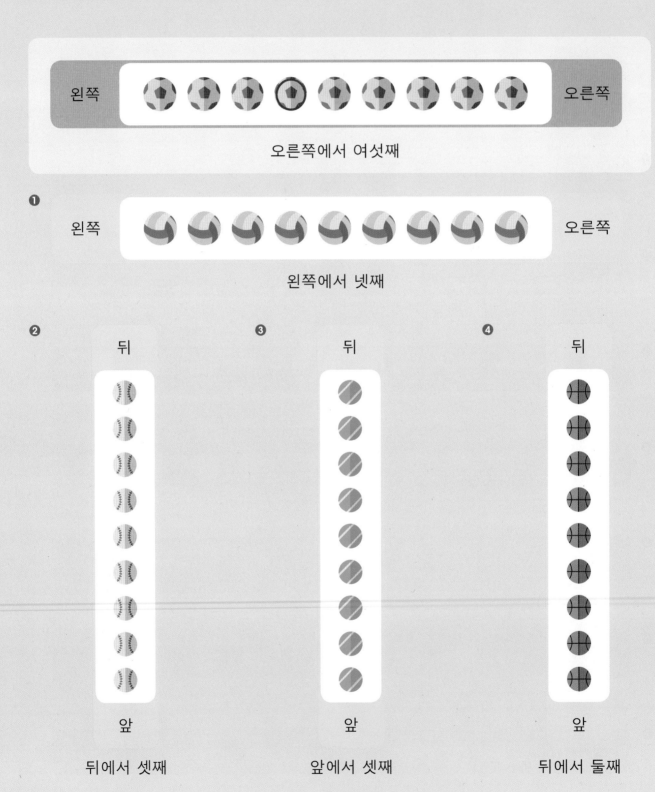

왼쪽　　　　　　　　　　　　　　　　　　오른쪽

오른쪽에서 여섯째

❶ 왼쪽　　　　　　　　　　　　　　　오른쪽

왼쪽에서 넷째

❷ 뒤

앞

뒤에서 셋째

❸ 뒤

앞

앞에서 셋째

❹ 뒤

앞

뒤에서 둘째

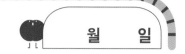

✥ 위치에 맞게 ◯표 하시오.

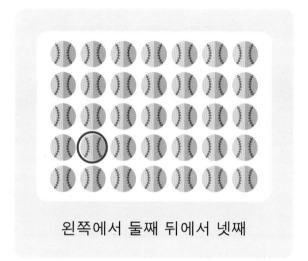

왼쪽에서 둘째 뒤에서 넷째

**❶**

오른쪽에서 셋째 앞에서 셋째

**❷**

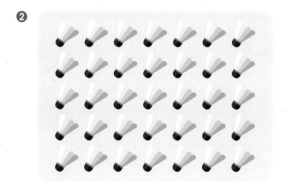

오른쪽에서 다섯째 뒤에서 셋째

**❸**

왼쪽에서 넷째 앞에서 둘째

**❹**

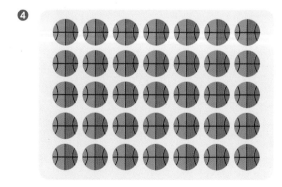

왼쪽에서 여섯째 앞에서 넷째

**❺**

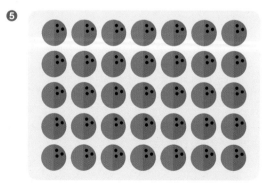

오른쪽에서 다섯째 뒤에서 넷째

**1** 알맞은 것에 ◯표 하시오.

❶ 넷째

❷ 일곱째

**2** 그림을 보고 순서에 맞게 선으로 이으시오.

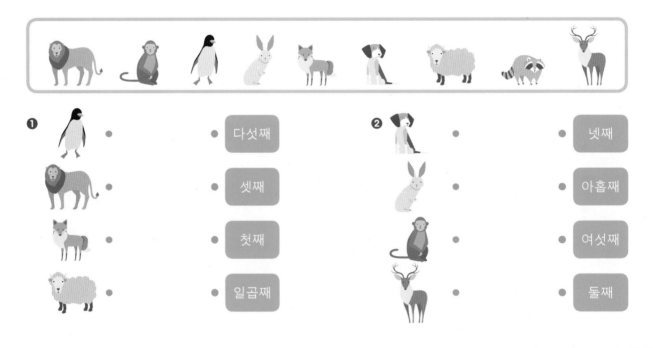

❶
· 다섯째
· 셋째
· 첫째
· 일곱째

❷
· 넷째
· 아홉째
· 여섯째
· 둘째

**3** 알맞게 색칠하시오.

| 일곱(칠) | ◯ ◯ ◯ ◯ ◯ ◯ ◯ ◯ ◯ |
| --- | --- |
| 일곱째 | ◯ ◯ ◯ ◯ ◯ ◯ ◯ ◯ ◯ |

# 5

# 1 큰 수 1 작은 수

# 017

# 1 큰 수

● 아래 그림보다 하나 더 많은 것에 ⬭표 하시오.

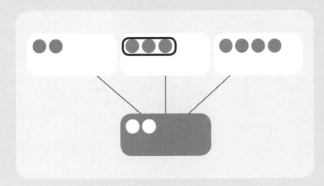

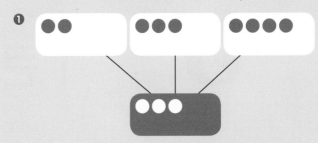

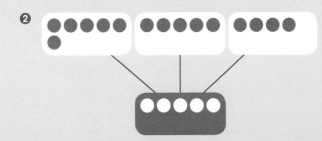

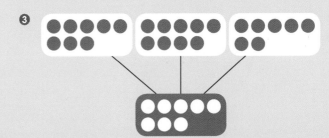

● 하나 더 많게 그리고, 빈칸에 알맞은 수를 써넣으시오.

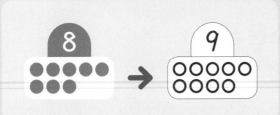

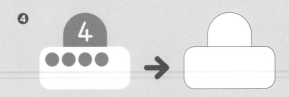

 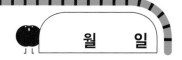

⊕ ❘ 큰 수에 색칠하시오.

❶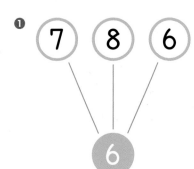

❷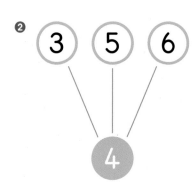

❸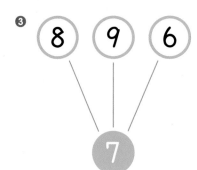

❹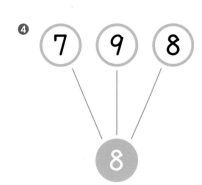

❺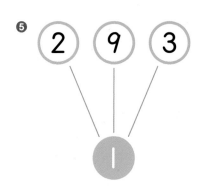

❻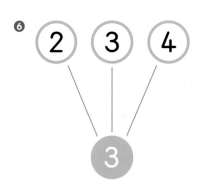

❼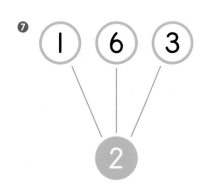

❽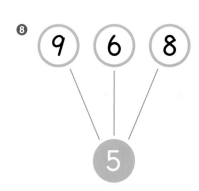

# 018

# 1 작은 수

◑ 하나 더 작은 것에 ◯표 하시오.

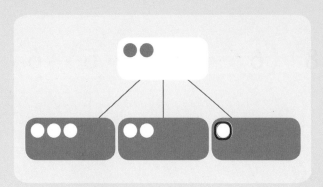

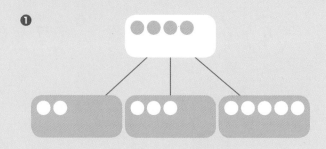

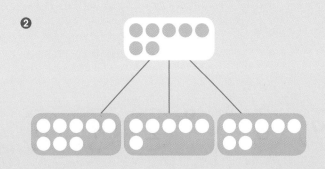

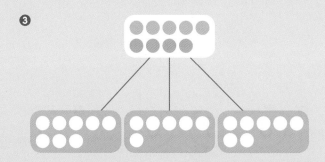

◑ 하나 더 적게 그리고, 빈칸에 알맞은 수를 써넣으시오.

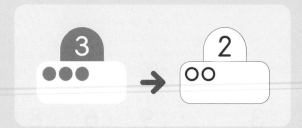

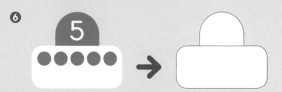

✛ ┃ 작은 수에 색칠하시오.

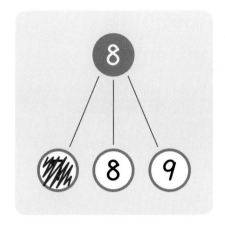

❶
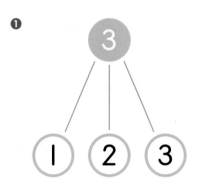

❷
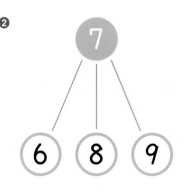

❸
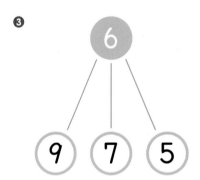

❹
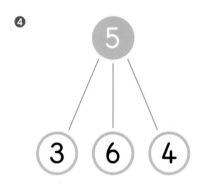

❺
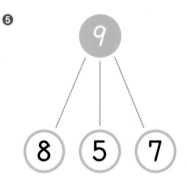

❻
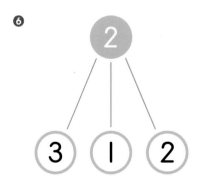

❼
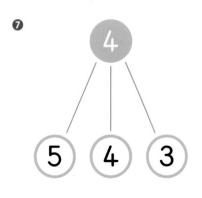

❽
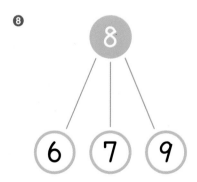

# 019

# 포도송이

● **Ⅰ 큰 수와 Ⅰ 작은 수에 맞게 ⬤를 색칠하고 빈칸에 알맞은 수를 써넣으시오.**

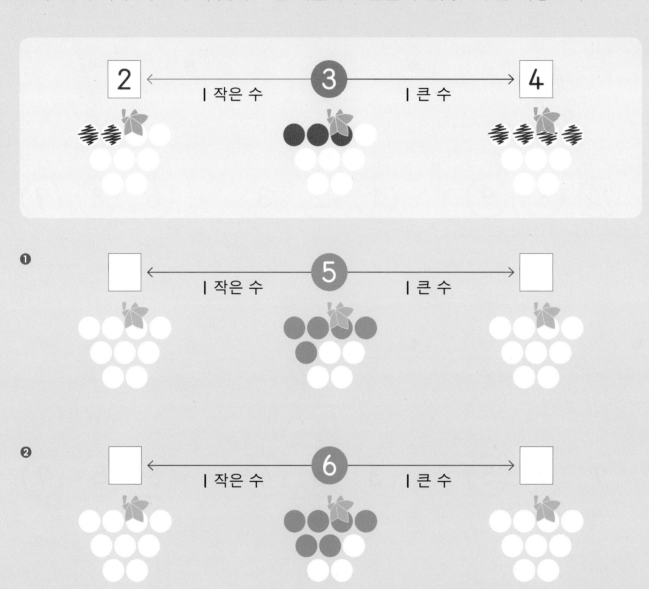

❸

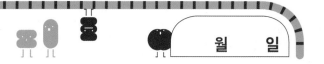

**❖ | 큰 수와 | 작은 수를 써넣으시오.**

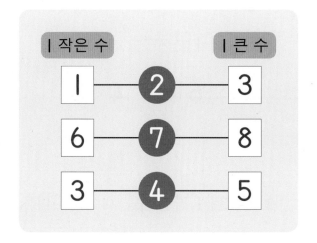

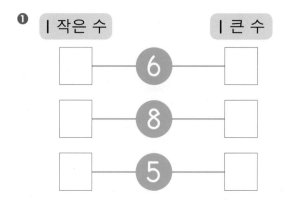

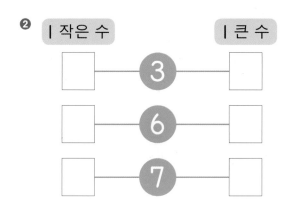

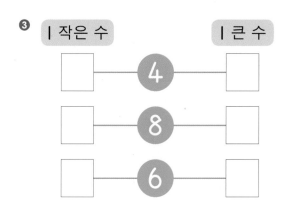

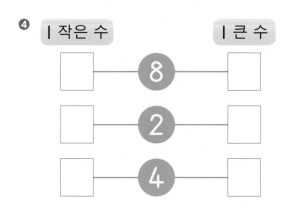

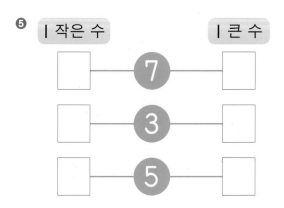

# 020

# 1 대소 문장

● □ 안에 알맞은 수를 찾아 ○표 하시오.

9보다 | 작은 수는 □ 입니다.

9　5　7　⑧

❶ 7보다 | 큰 수는 □ 입니다.

6　8　4　3

❷ 5보다 | 큰 수는 □ 입니다.

4　5　6　7

❸ 6보다 | 작은 수는 □ 입니다.

7　6　5　4

❹ 8보다 | 작은 수는 □ 입니다.

6　7　8　9

❺ |보다 | 큰 수는 □ 입니다.

|　2　3　4

❻ 3보다 | 큰 수는 □ 입니다.

4　3　5　7

❼ 2보다 | 작은 수는 □ 입니다.

4　3　2　|

❽ 4보다 | 작은 수는 □ 입니다.

7　5　3　2

❾ 6보다 | 큰 수는 □ 입니다.

4　6　7　5

❖ ☐ 안에 알맞은 수를 쓰고, ( ) 안의 알맞는 말에 ◯표 하시오.

> 7은 **6** 보다 I 크고, **8** 보다 I 작습니다.

❶ ☐ 은 5보다 I 크고, ☐ 보다 I 작습니다.

❷ 9는 8보다 ☐ ( 큽니다 , 작습니다 ).

❸ 4는 ☐ 보다 I 크고, ☐ 보다 I 작습니다.

❹ ☐ 는 ☐ 보다 I 크고, 6보다 I 작습니다.

❺ I은 2보다 ☐ ( 큽니다 , 작습니다 ).

❻ 3은 ☐ 보다 I 크고, ☐ 보다 I 작습니다.

❼ ☐ 은 7보다 I 크고, ☐ 보다 I 작습니다.

❽ 2는 ☐ 보다 I 크고, ☐ 보다 I 작습니다.

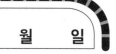

**1** 왼쪽 그림보다 하나 더 많은 것에 ○표 하시오.

❶        (   )

(   )

(   )

❷        (   )

(   )

(   )

**2** 왼쪽 그림보다 하나 더 적게 색칠하고, 색칠한 것의 수를 빈칸에 써넣으시오.

**3** l 작은 수와 l 큰 수를 쓰시오.

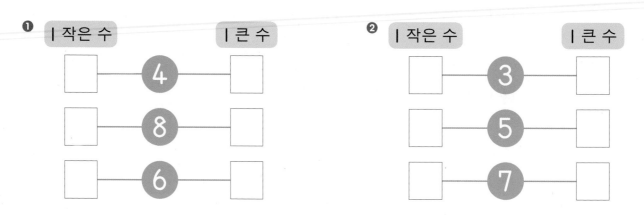

❶ l 작은 수          l 큰 수

4

8

6

❷ l 작은 수          l 큰 수

3

5

7

56

# 6 수의 크기

# 모양점

● 개수만큼 수를 쓰고, 더 큰 수에 ○표 하시오.

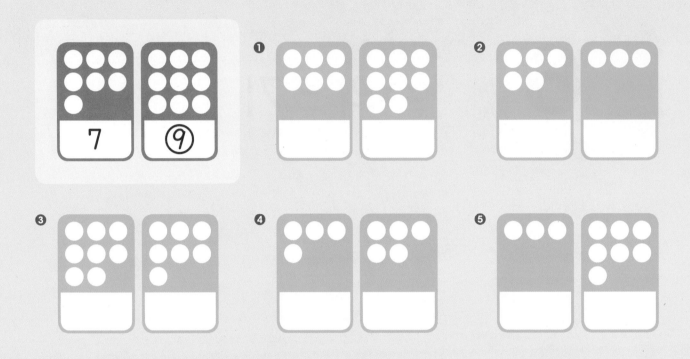

● 개수만큼 수를 쓰고, 더 작은 수에 △표 하시오.

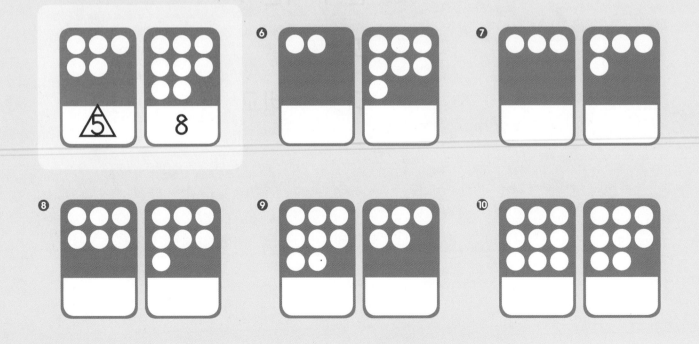

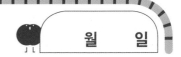
✚ 수를 쓰고 알맞은 말에 ◯표 하시오.

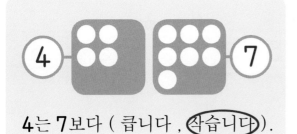

4는 7보다 ( 큽니다 , 작습니다 ).

❶

8은 6보다 ( 큽니다 , 작습니다 ).

❷

2는 5보다 ( 큽니다 , 작습니다 ).

❸

3은 4보다 ( 큽니다 , 작습니다 ).

❹

3은 I보다 ( 큽니다 , 작습니다 ).

❺

9는 8보다 ( 큽니다 , 작습니다 ).

❻

7은 3보다 ( 큽니다 , 작습니다 ).

❼

5는 6보다 ( 큽니다 , 작습니다 ).

# 022

# 큰 수 작은 수

● 큰 수에 ○표, 작은 수에 △표 하시오.

**①** 3  5

**②** 5  6

**③** 6  3

**④** 8  7

**⑤** 4  3

**⑥** 7  8

**⑦** 3  4

**⑧** 6  8

**⑨** 8  5

**⑩** 1  9

**⑪** 2  1

**⑫** 6  9

**⑬** 5  8

**⑭** 9  7

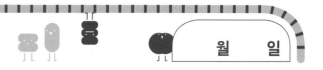

월 일

➕ 가장 큰 수에 ◯표 하시오.

2 ⑦ 1

❶ 3 8 9

❷ 7 2 5

❸ 4 3 5

❹ 6 1 4

❺ 2 8 5

➕ 가장 작은 수에 △표 하시오.

△ 7 2

❻ 3 2 8

❼ 7 6 5

❽ 2 4 6

❾ 9 7 8

❿ 5 7 3

# 023

# 꼬리표

● 왼쪽 수보다 더 큰 수에 ○표 하시오.

**3**    2   3   ④

**①** **7**    8   7   6

**②** **4**    6   2   4

**③** **6**    5   3   7

**④** **5**    5   8   3

**⑤** **8**    2   9   6

● 왼쪽 수보다 더 작은 수에 △표 하시오.

**5**    6   5   △4

**⑥** **2**    1   2   3

**⑦** **6**    7   5   8

**⑧** **8**    8   7   9

**⑨** **3**    2   4   5

**⑩** **7**    9   5   7

 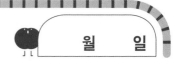

✚ 왼쪽 수보다 더 큰 수에 ○표, 더 작은 수에 △표 하시오.

**3** | ⑦ △ 3

**❶** 2 | 2 3 1

**❷** 8 | 6 8 9

**❸** 7 | 7 6 9

**❹** 5 | 2 7 5

**❺** 4 | 4 5 3

**❻** 6 | 6 1 9

**❼** 3 | 7 3 2

**❽** 7 | 8 2 7

**❾** 6 | 8 6 4

**❿** 4 | 3 4 6

**⓫** 5 | 3 8 5

**⓬** 2 | 4 1 2

**⓭** 8 | 8 1 9

# 024

# 다섯 수 비교

● 큰 수부터 차례로 쓰시오.

| 5 | 3 | 7 | 9 | 2 |
|---|---|---|---|---|
| 9 | 7 | 5 | 3 | 2 |

**❶**

**❷**

**❸**

**❹**
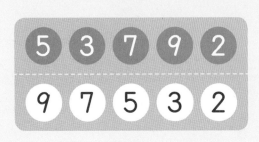

**❺**
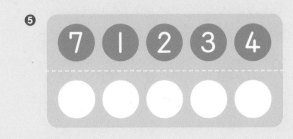

**❻**

**❼**

❋ 가장 큰 수에 ○표, 가장 작은 수에 △표 하시오.

△3  7  4
8  ⑨

❶
1  7  5
8  6

❷
4  2  5
6  3

❸
4  1  7
6  5

❹
7  3  4
2  5

❺
5  3  1
2  8

❻
7  4  2
6  1

❼
8  5  4
7  6

❽
6  4  5
7  3

❾
5  8  7
2  4

❿
6  3  9
7  4

⓫
8  7  9
4  5

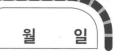

**1** 수를 쓰고 알맞은 말에 ◯표 하시오.

❶

3은 7보다 ( 큽니다 , 작습니다 ).

❷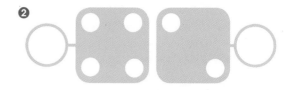

4는 2보다 ( 큽니다 , 작습니다 ).

**2** 왼쪽 수보다 더 큰 수에 ◯표 하시오.

❶
1  9  5

❷
6  2  8

**3** 큰 수부터 차례로 쓰시오.

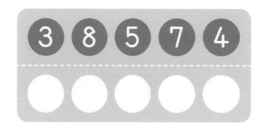

**4** 가장 큰 수에 ◯표, 가장 작은 수에 △표 하시오.

❶
8  6
1  9

❷
4  7
2  6

# 7

# 조건과 수

# 025

# 0과 10

◑ 개수를 세어 빈칸에 알맞은 수를 써넣으시오.

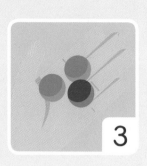 3 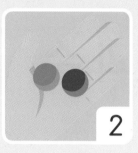 2  1  0

❶

❷

❸

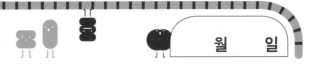

✦ 빈칸에 순서대로 수를 써넣으시오.

0 — 1 — 2 — 3 — 4 — 5 — 6 — 7 — 8 — 9 — 10

❶ ☐ — 1 — 2 — 3 — ☐

❷ 6 — 7 — 8 — ☐ — ☐

❸ ☐ — ☐ — 2 — 3 — 4

❹ ☐ — 7 — 8 — 9 — ☐

❺ ☐ — 1 — 2 — ☐ — ☐ — 5 — ☐ — ☐ — 8 — 9 — ☐

✦ 1 큰 수와 1 작은 수를 쓰시오.

2 ←1 작은 수— 3 —1 큰 수→ 4

❻ ☐ ←1 작은 수— 7 —1 큰 수→ ☐

❼ ☐ ←1 작은 수— 2 —1 큰 수→ ☐

❽ ☐ ←1 작은 수— 8 —1 큰 수→ ☐

❾ ☐ ←1 작은 수— 1 —1 큰 수→ ☐

❿ ☐ ←1 작은 수— 9 —1 큰 수→ ☐

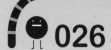 

# 026

# 조건

● 조건에 맞는 수를 찾아 모두 ◯표 하시오.

**조건**

7보다 큰 수입니다.

1 2 3 4 5
6 7 ⑧ ⑨ ⑩

❶ **조건**

5보다 작은 수입니다.

1 2 3 4 5
6 7 8 9 10

❷ **조건**

6보다 큰 수입니다.

1 2 3 4 5
6 7 8 9 10

❸ **조건**

4보다 작은 수입니다.

1 2 3 4 5
6 7 8 9 10

❹ **조건**

5보다 큰 수입니다.

1 2 3 4 5
6 7 8 9 10

❺ **조건**

3보다 작은 수입니다.

1 2 3 4 5
6 7 8 9 10

월    일

두 조건에 맞는 수를 찾아 모두 ◯표 하시오.

**조건**

6보다 작은 수입니다.
2보다 큰 수입니다.

1　2　③　④　⑤
6　7　8　9　10

**❶ 조건**

8보다 작은 수입니다.
5보다 큰 수입니다.

1　2　3　4　5
6　7　8　9　10

**❷ 조건**

9보다 작은 수입니다.
6보다 큰 수입니다.

1　2　3　4　5
6　7　8　9　10

**❸ 조건**

6보다 작은 수입니다.
3보다 큰 수입니다.

1　2　3　4　5
6　7　8　9　10

**❹ 조건**

7보다 작은 수입니다.
4보다 큰 수입니다.

1　2　3　4　5
6　7　8　9　10

**❺ 조건**

8보다 작은 수입니다.
4보다 큰 수입니다.

1　2　3　4　5
6　7　8　9　10

# 027 사이의 수

● 두 수 사이의 수를 빈칸에 써넣으시오.

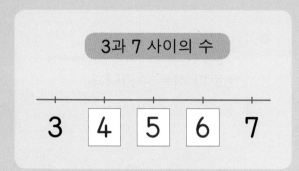

3과 7 사이의 수

3 [4] [5] [6] 7

❶ 2와 5 사이의 수

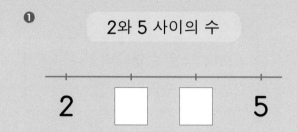

2 [ ] [ ] 5

❷ 1과 5 사이의 수

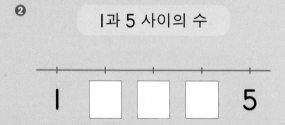

1 [ ] [ ] [ ] 5

❸ 5와 8 사이의 수

5 [ ] [ ] 8

❹ 4와 9 사이의 수

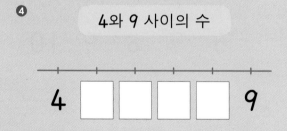

4 [ ] [ ] [ ] [ ] 9

❺ 3과 5 사이의 수

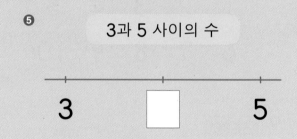

3 [ ] 5

❻ 2와 7 사이의 수

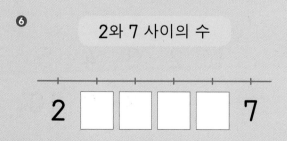

2 [ ] [ ] [ ] 7

❼ 6과 10 사이의 수

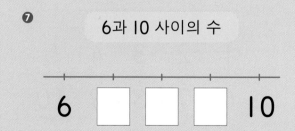

6 [ ] [ ] [ ] 10

72

월    일

➕ 두 수 사이의 수를 찾아 모두 ◯표 하시오.

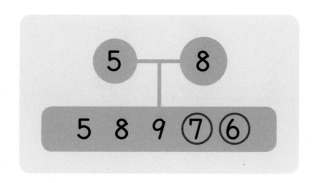

5 — 8

5  8  9  ⑦  ⑥

**①**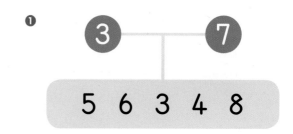

3 —— 7

5  6  3  4  8

**②**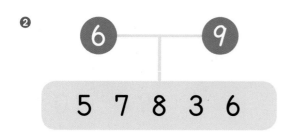

6 —— 9

5  7  8  3  6

**③**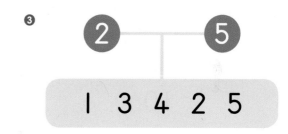

2 —— 5

1  3  4  2  5

**④**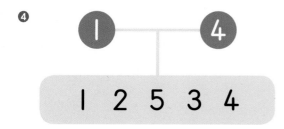

1 —— 4

1  2  5  3  4

**⑤**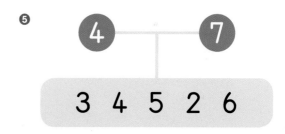

4 —— 7

3  4  5  2  6

**⑥**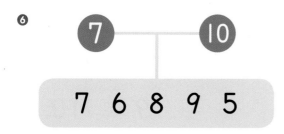

7 —— 10

7  6  8  9  5

**⑦**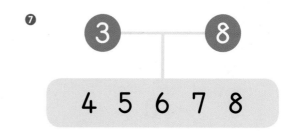

3 —— 8

4  5  6  7  8

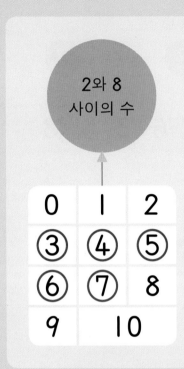

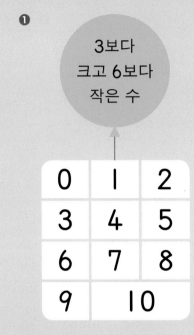

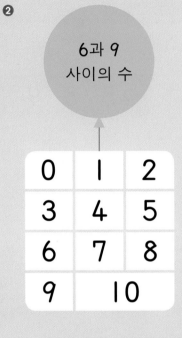

# 기구

028

◑ 조건에 맞는 수에 ◯표 하시오.

**2와 8 사이의 수**

| 0 | 1 | 2 |
|---|---|---|
| ③ | ④ | ⑤ |
| ⑥ | ⑦ | 8 |
| 9 | 10 | |

❶ **3보다 크고 6보다 작은 수**

| 0 | 1 | 2 |
|---|---|---|
| 3 | 4 | 5 |
| 6 | 7 | 8 |
| 9 | 10 | |

❷ **6과 9 사이의 수**

| 0 | 1 | 2 |
|---|---|---|
| 3 | 4 | 5 |
| 6 | 7 | 8 |
| 9 | 10 | |

❸ **4보다 크고 8보다 작은 수**

| 0 | 1 | 2 |
|---|---|---|
| 3 | 4 | 5 |
| 6 | 7 | 8 |
| 9 | 10 | |

❹ **1과 5 사이의 수**

| 0 | 1 | 2 |
|---|---|---|
| 3 | 4 | 5 |
| 6 | 7 | 8 |
| 9 | 10 | |

❺ **2보다 크고 5보다 작은 수**

| 0 | 1 | 2 |
|---|---|---|
| 3 | 4 | 5 |
| 6 | 7 | 8 |
| 9 | 10 | |

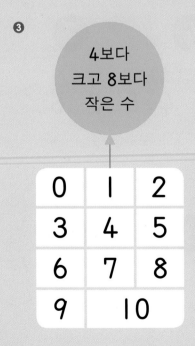

➕ 조건에 맞는 수를 쓰시오.

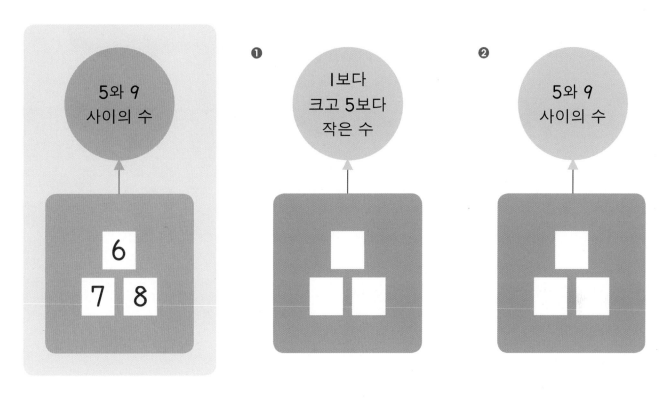

5와 9
사이의 수

6
7 8

❶ 1보다
크고 5보다
작은 수

❷ 5와 9
사이의 수

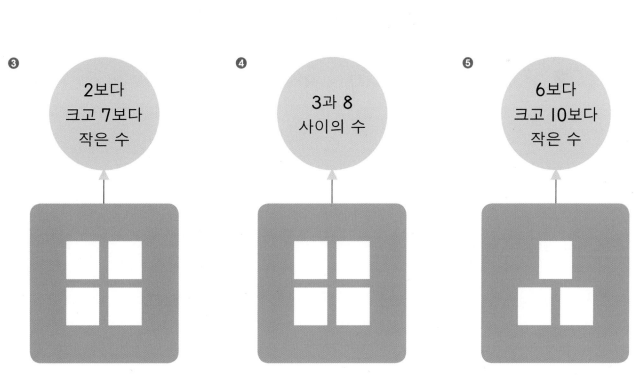

❸ 2보다
크고 7보다
작은 수

❹ 3과 8
사이의 수

❺ 6보다
크고 10보다
작은 수

**1** 달걀의 수를 세어 보시오.

❶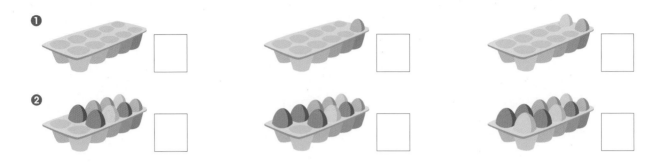

❷

**2** 조건에 맞는 수를 찾아 모두 ○표 하시오.

> **조건**
>
> 2보다 큰 수, 6보다 작은 수

| 1 | 2 | 3 | 4 | 5 |
| 6 | 7 | 8 | 9 | 10 |

**3** 조건에 맞는 수를 모두 쓰시오.

❶    1과 5 사이의 수          ❷    3과 7 사이의 수

_____       _____

# 8

# 2 큰 수 2 작은 수

# 029

# 수직선

● 수직선을 보고 빈칸에 알맞은 수를 써넣으시오.

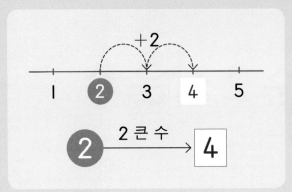

❶
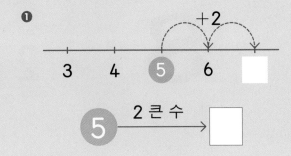

❷
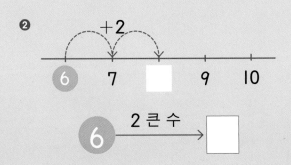

❸
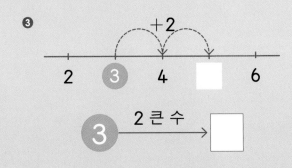

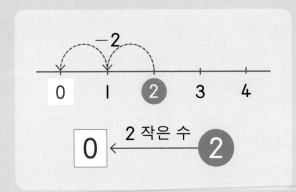

❹
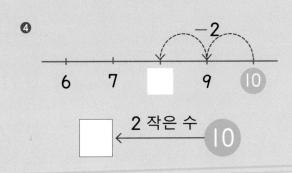

❺
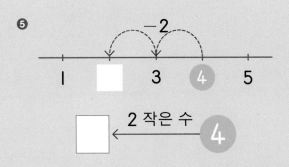

❻
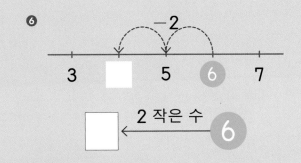

➕ **2** 큰 수와 **2** 작은 수를 쓰시오.

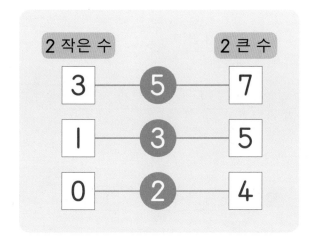

2 작은 수 / 2 큰 수

3 — 5 — 7
1 — 3 — 5
0 — 2 — 4

❶
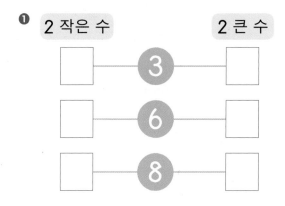

2 작은 수 / 2 큰 수

☐ — 3 — ☐
☐ — 6 — ☐
☐ — 8 — ☐

❷
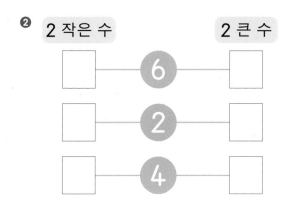

2 작은 수 / 2 큰 수

☐ — 6 — ☐
☐ — 2 — ☐
☐ — 4 — ☐

❸
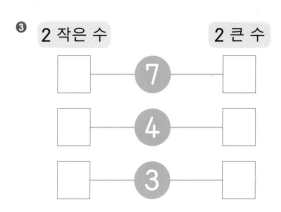

2 작은 수 / 2 큰 수

☐ — 7 — ☐
☐ — 4 — ☐
☐ — 3 — ☐

❹
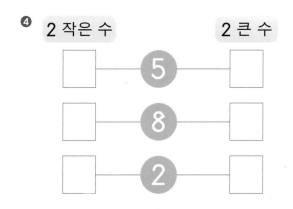

2 작은 수 / 2 큰 수

☐ — 5 — ☐
☐ — 8 — ☐
☐ — 2 — ☐

❺
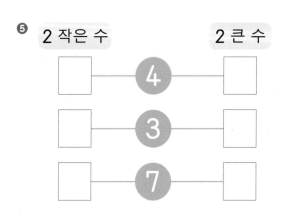

2 작은 수 / 2 큰 수

☐ — 4 — ☐
☐ — 3 — ☐
☐ — 7 — ☐

# 030

# 2 큰 수 2 작은 수

● 빈칸에 알맞은 수를 써넣으시오.

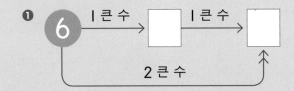

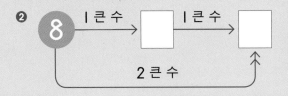

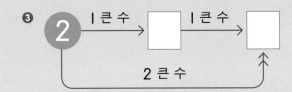

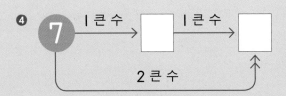

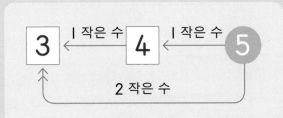

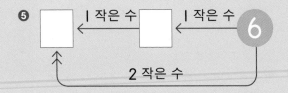

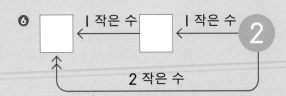

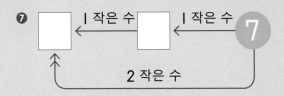

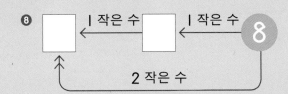

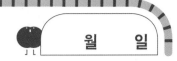

월    일

✦ **2** 큰 수와 **2** 작은 수를 쓰시오.

3 ←←2 작은 수— ⑤ —2 큰 수→→ 7

❶ ☐ ←←2 작은 수— ② —2 큰 수→→ ☐

❷ ☐ ←←2 작은 수— ⑧ —2 큰 수→ ☐

❸ ☐ ←←2 작은 수— ③ —2 큰 수→ ☐

❹ ☐ ←←2 작은 수— ⑥ —2 큰 수→ ☐

❺ ☐ ←←2 작은 수— ④ —2 큰 수→→ ☐

l ←←2 작은 수— 3 ←←2 작은 수— ⑤ —2 큰 수→→ 7 —2 큰 수→ 9

❻ ☐ ←←2 작은 수— ☐ ←←2 작은 수— ④ —2 큰 수→→ ☐ —2 큰 수→ ☐

❼ ☐ ←←2 작은 수— ☐ ←←2 작은 수— ⑥ —2 큰 수→→ ☐ —2 큰 수→ ☐

# 031

# 화살표 규칙

● 규칙에 맞게 빈칸에 알맞은 수를 써넣으시오.

**규칙**

──────→ 1씩 커집니다.　　　←────── 1씩 작아집니다.

──────≫ 2씩 커집니다.　　　≪────── 2씩 작아집니다.

6 ──≫ 8

❶ □ ← 2

❷ 3 ──→ □

❸ □ ≪─ 2

❹ 8 ──→ □

❺ □ ← 7

❻ 8 ──≫ □

❼ □ ← 5

❽ 4 ──→ □

❾ □ ← 1

❿ 6 ──≫ □

⓫ □ ≪─ 9

⓬ 2 ──≫ □

⓭ □ ≪─ 10

⓮ 1 ──≫ □

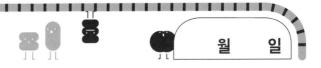

🞜 규칙에 맞게 빈칸에 알맞은 수를 써넣으시오.

❶

❷

❸

❹

❺

❻

❼

❽

❾

❿

⓫

# 2씩 뛰기

● 작은 수부터 **2**씩 뛰어 선을 이으시오.

❶
| 시작 | 4 | 3 |
|---|---|---|
| | 6 | 5 |
| | 8 | 10 · 끝 |

❷
| 시작 | 2 | 5 |
|---|---|---|
| | 4 | 6 |
| | 3 | 8 · 끝 |

❸
| 시작 | 0 | 1 |
|---|---|---|
| | 2 | 4 |
| | 3 | 6 · 끝 |

❹
| 시작 | 3 | 5 |
|---|---|---|
| | 2 | 7 |
| | 4 | 9 · 끝 |

❺
| 시작 | 1 | 2 |
|---|---|---|
| | 3 | 4 |
| | 5 | 7 · 끝 |

● 큰 수부터 **2**씩 뛰어 선을 이으시오.

❻
| 시작 | 10 | 5 |
|---|---|---|
| | 8 | 6 |
| | 7 | 4 · 끝 |

❼
| 시작 | 7 | 5 |
|---|---|---|
| | 8 | 3 |
| | 4 | 1 · 끝 |

❽
| 시작 | 6 | 4 |
|---|---|---|
| | 1 | 2 |
| | 3 | 0 · 끝 |

❾
| 시작 | 7 | 8 |
|---|---|---|
| | 5 | 4 |
| | 3 | 1 · 끝 |

❿
| 시작 | 9 | 8 |
|---|---|---|
| | 7 | 5 |
| | 6 | 3 · 끝 |

⊕ **2씩 뛰어 센 것입니다. 빈칸에 알맞은 수를 써넣으시오.**

8 − 6 − 4 − 2

❶ 3 − ◯ − ◯ − 9

❷ 1 − 3 − ◇ − ◇

❸ ⬡ − ⬡ − 2 − 0

❹ ☐ − 4 − ☐ − 8

❺ 7 − ◯ − ◯ − 1

❻ 3 − 5 − ◇ − ◇

❼ ⬡ − ⬡ − 8 − 10

❽ 6 − ☐ − 2 − ☐

❾ 1 − ◯ − ◯ − 7

❿ ◇ − 4 − ◇ − 8

⓫ ⬡ − ⬡ − 6 − 4

**1** 빈칸에 알맞은 수를 써넣으시오.

❶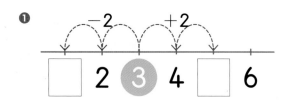

❷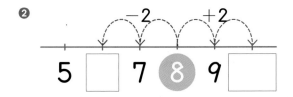

**2** **2** 큰 수와 **2** 작은 수를 쓰시오.

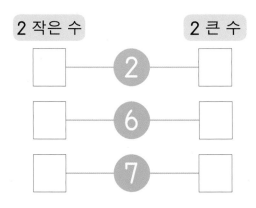

**3** 규칙에 맞게 빈칸에 알맞은 수를 써넣으시오.

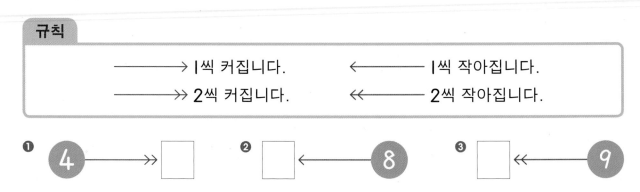

MEMO

# 사고셈

## 정답 및 해설
### Guide Book

6세 1호
10까지의 수

2

8

4

능률 교육
NE

# 애니멀

## 001

● 세어 보고 알맞은 수에 ○표 하시오.

①
1 2 ③ 4 5

② 1 2 3 4 ⑤

④ 5 ⑥ 7 8 9

⑥ 5 6 7 ⑧ 9

③ 1 ② 3 4 5

⑤
1 2 3 ④ 5

⑦ 5 6 7 8 ⑨

⑧ 5 6 ⑦ 8 9

● 수를 세어 □ 안에 써넣으시오.

①
9 마리

④
1 마리

⑦
2 마리

② 7 마리

⑤ 5 마리

⑧
6 마리

③ 4 마리

⑥ 3 마리

⑨ 8 마리

개수를 셀 때 말한 마지막 수가 전체 개수입니다. '일, 이, 삼, 사'로 세었다면 개수는 4개입니다.

월 일

# 1 주차

## 002 사과

주어진 수만큼 ♥ 안에 색칠하시오.

① 1 (일, 하나)
② 2 (이, 둘)
③ 7 (칠, 일곱)
④ 6 (육, 여섯)
⑤ 3 (삼, 셋)
⑥ 8 (팔, 여덟)
⑦ 9 (구, 아홉)
⑧ 5 (오, 다섯)

● 주어진 수만큼 □를 그려 ♥를 묶으시오.

② 2 이(둘)

① 8 팔(여덟)

3 삼(셋)

묶은 모양과 상관없이 개수만큼 맞으면 됩니다.

⑤ 9 구(아홉)

④ 5 오(다섯)

③ 7 칠(일곱)

⑧ 6 육(여섯)

⑦ 1 일(하나)

⑥ 4 사(넷)

일

월 일
월 일

## 003 사탕과 쿠키

● 세어 보고, 알맞은 수를 □ 안에 써넣고, 바르게 읽은 것에 ○표 하시오.

| 7 | 일곱 여덟 아홉 |
| 5 | 넷 일곱 여섯 다섯 |
| 2 | 하나 셋 둘 다섯 |

| 3 | 일곱 셋 여섯 |
| 9 | 셋 하나 아홉 다섯 |
| 4 | 하나 넷 여섯 다섯 |

| 6 | 다섯 둘 아홉 여섯 |
| 8 | 넷 여덟 여섯 다섯 |
| 1 | 하나 둘 아홉 다섯 |

● 세어 보고, ⊕ 세어 보고, 관계있는 것에 모두 ○표 하시오.

수를 읽는 방법은 '일, 이, 삼, …'과 같이 한자로 읽거나 '하나, 둘, 셋, …'과 같이 우리말로 읽는 2가지 방법이 있습니다.

① 4 다섯 ⑤ 넷 6 여섯

③ 9 여덟 ⑧ 일곱 7 아홉

⑤ 1 다섯 ③ 셋 5 하나

⑦ ④ 여섯 6 넷 9 아홉

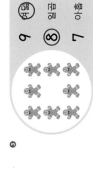   

② 6 여섯 8 일곱 ⑦ 여덟

④ 1 셋 ② 둘 3 하나

⑥ 5 다섯 7 일곱 ⑨ 아홉

⑧ 4 넷 ⑥ 여섯 8 여덟

 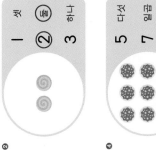 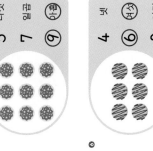

월 일

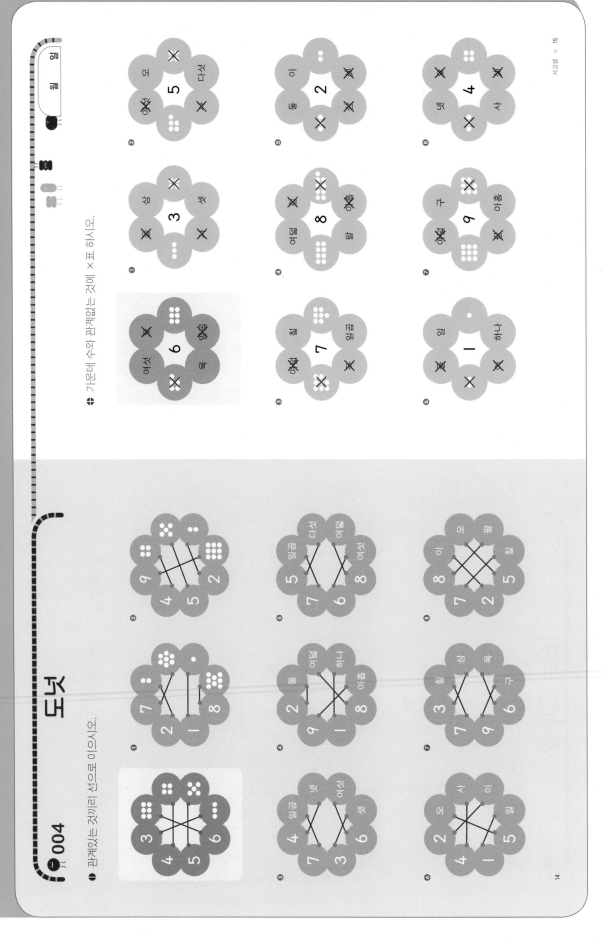

# 잘 공부했는지 알아봅시다

**1** 의 수를 세어 ○표 하시오.

❶

① ② 3 4

❷

4 ⑤ 6 7

❸

5 6 ⑦ 8

❹

① 2 3 4

**2** 수에 맞게 색칠하시오.

❶ 4

❷ 6

❸ 9

**3** 관계있는 것끼리 선으로 이으시오.

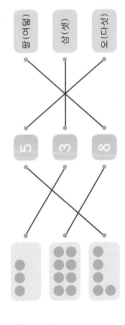

팔 (여덟)    오 (다섯)    삼 (셋)

5    3    8

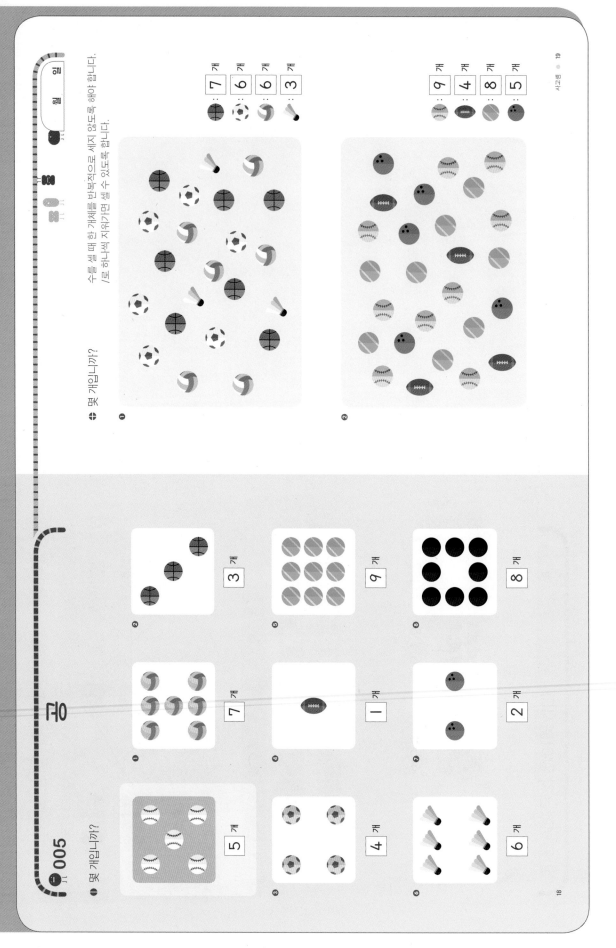

# 개미길

**006**

● 개수에 맞게 길을 선으로 이으시오.

● 개수에 맞게 길을 선으로 이으시오.

P. 20 ● P. 21

② 주차

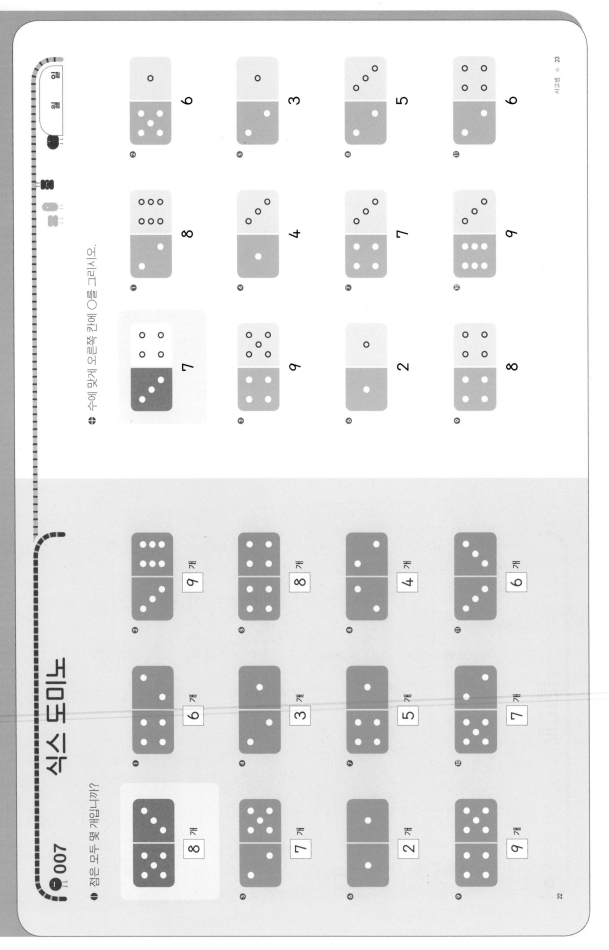

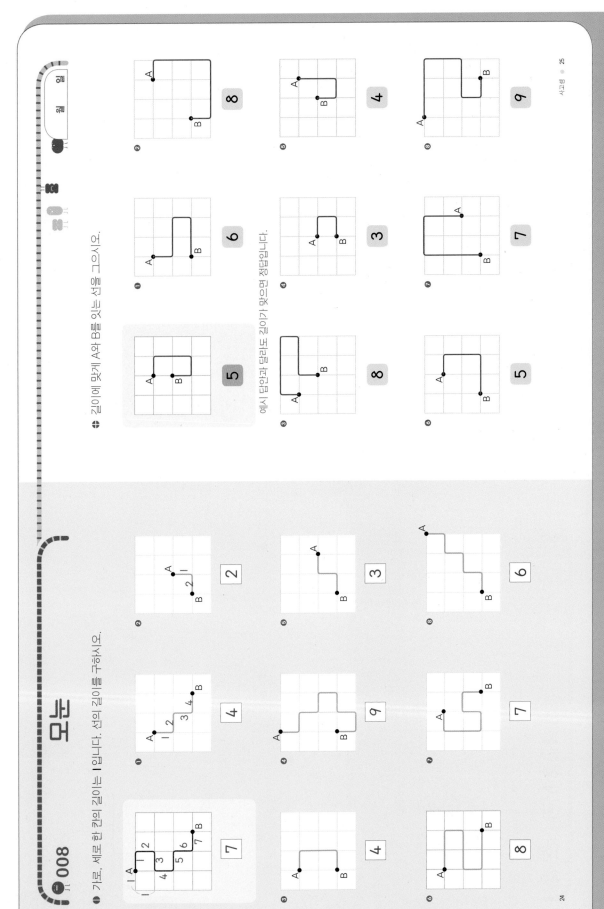

길이에 맞게 A와 B를 잇는 선을 그으시오.

예시 답안과 달라도 길이가 맞으면 정답입니다.

## 모눈

가로, 세로 한 칸의 길이는 1입니다. 선의 길이를 구하시오.

# ② 주차

## 잘 공부했는지 알아봅시다

월 일

**1** 수를 세어 □ 안에 써 보시오.

❶
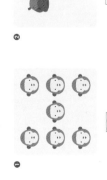
7 마리

❷

3 마리

❸

4 마리

**2** 수에 맞게 도미노의 오른쪽 칸에 ○를 그리시오.

❶

9 개

❷
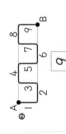
8 개

❸
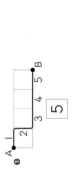
5 개

도미노의 두 칸의 점의 수의 합이 주어진 수가
되도록 모자란 수 만큼 ○를 그립니다.

**3** 한 칸의 길이가 1입니다. 선의 길이를 구하시오.

❶
A● 1
2
3 4 5 ●B

5

❷
A● 1
2
3 5
4
7 9
6
8
●B

9

26

③ 주차

# 그림 완성

**009**

거꾸로 세기는 뺄셈이 받달에 도움이 됩니다.

● 큰 수부터 차례로 이으시오.

● 작은 수부터 차례로 이으시오.

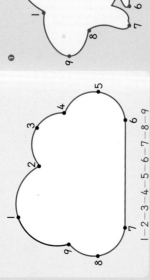

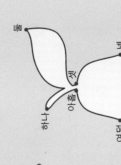
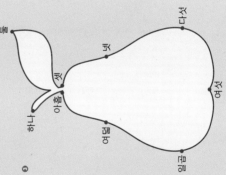

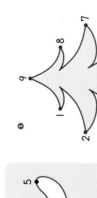
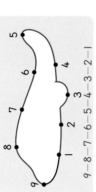
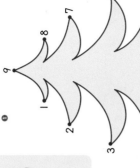
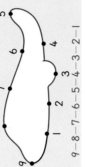

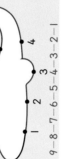

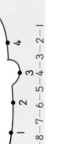

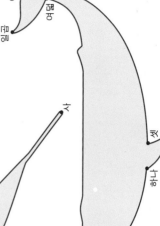

③ 주차

# 010 모양수 순서

● 작은 수부터 차례로 수를 세놓은 것입니다. 빈칸에 알맞은 수를 세넣으시오.

7에서 시작한 앞으로 세기입니다.

● 큰 수부터 차례로 수를 세놓은 것입니다. 빈칸에 알맞은 수를 세넣으시오.

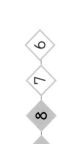

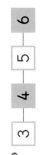

● 빈칸에 알맞은 수를 세넣으시오.

어떤 수에서 출발하더라
도 앞으로 세기, 거꾸로
세기를 할 수 있어야 합
니다. 순서대로 수 세기
는 덧셈과 뺄셈의 받아
에 도움이 됩니다.

5에서 시작한 앞으로 세기입니다.

6에서 시작한 거꾸로 세기입니다.

월 일

# 본문 011

● 작은 수부터 순서에 맞게 쓴 것입니다. 잘못 들어간 수에 ×표 하시오.

① 2 ❌ 3 4 5
③ 1 2 ❌ 3 4
⑤ 5 6 7 ❌ 8

② 5 6 ❌ 7 8
④ 4 ❌ 5 6 7
⑥ 3 4 5 ❌ 6

● 큰 수부터 순서에 맞게 쓴 것입니다. 잘못 들어간 수에 ×표 하시오.

⑦ 5 4 3 ❌ 2
⑨ 8 7 ❌ 6 5
⑩ 9 ❌ 8 7 6

⑧ 9 ❌ 8 7 6
⑨ 6 5 ❌ 4 3
⑩ 7 6 5 ❌ 4

32

❋ 빈에 쓰인 수가 작은 수부터 순서대로 세넣으시오.

① 4 7 6 5 8
  4 5 6 7 8

③ 3 5 7 4 6
  3 4 5 6 7

② 3 2 4 5 6
  2 3 4 5 6
  8 9 6 5 7
  5 6 7 8 9

❋ 빈에 쓰인 수가 큰 수부터 순서대로 세넣으시오.

④ 5 3 4 2 6
  6 5 4 3 2

⑥ 5 7 8 4 6
  8 7 6 5 4

⑤ 5 6 7 9 8
  9 8 7 6 5
  3 7 5 4 6
  7 6 5 4 3

33

# ③ 주차

## 012 순서 선잇기

● 작은 수부터 차례로 선을 이으시오.

4-5-6-7 (4에서 시작한 앞으로 세기입니다.)

● 큰 수부터 차례로 선을 이으시오.

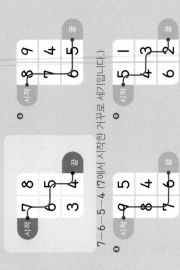

7-6-5-4 (7에서 시작한 거꾸로 세기입니다.)

● 큰 수 또는 작은 수부터 수의 순서에 맞게 차례로 선을 이으시오.

앞으로 세기인지 거꾸로 세기인지 먼저 알아봅니다.

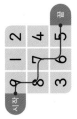

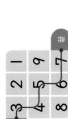

# 잘 공부했는지 알아봅시다

월 일

**1** 큰 수 또는 작은 수부터 순서에 맞게 차례로 선을 이으시오.

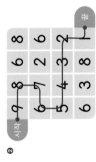

**2** 순서에 맞게 빈칸에 수를 써넣으시오.

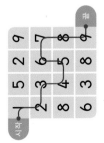

**3** 순서에 맞게 쓴 것입니다. 잘못 들어간 수에 ×표 하시오.

①

②

**4** 순서를 거꾸로 하여 빈칸에 알맞은 글을 써넣으시오.

36

③ 주차

P.36

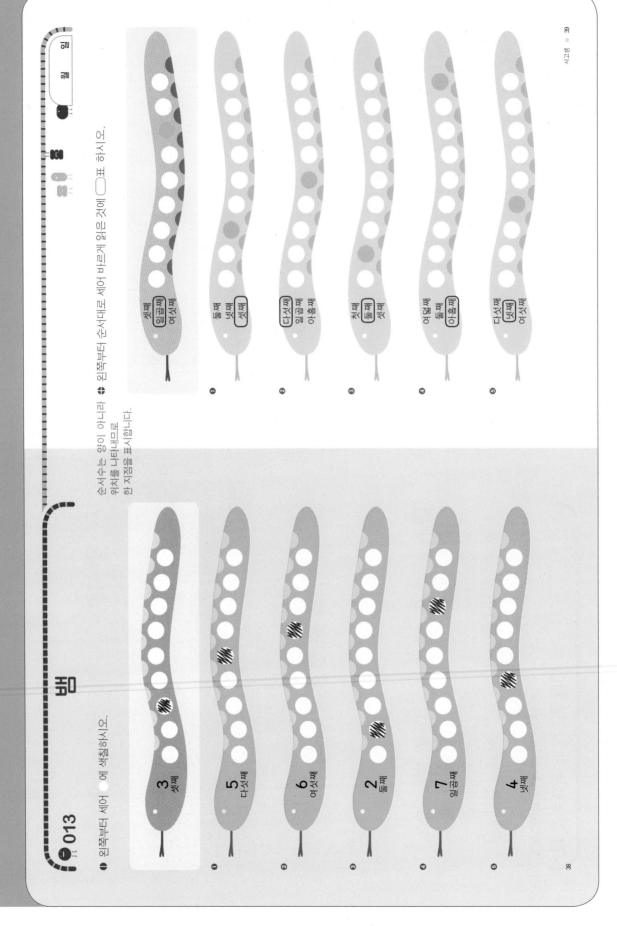

# 014 줄 서기

● 그림을 보고 관계있는 것끼리 선으로 이으시오.

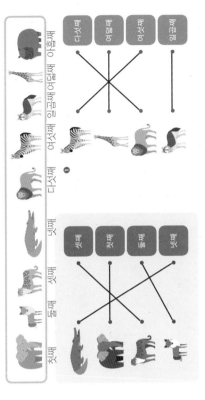

다섯째 · 여덟째 · 여섯째 · 일곱째

여섯째 일곱째 여덟째 아홉째

다섯째 · 넷째 · 셋째 · 둘째 · 첫째

셋째 · 첫째 · 둘째 · 넷째

● 그림을 보고 관계있는 것끼리 선으로 이으시오.

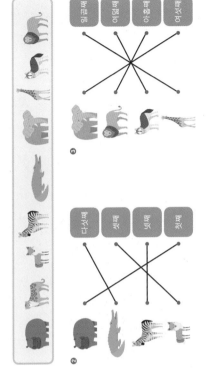

일곱째 · 여섯째 · 여덟째 · 여섯째

다섯째 · 셋째 · 넷째 · 첫째

## 줄 서기

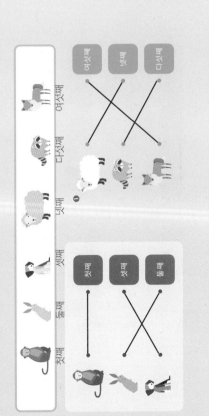

여섯째 · 넷째 · 다섯째

여섯째 다섯째 넷째 셋째 둘째 첫째

첫째 · 셋째 · 둘째

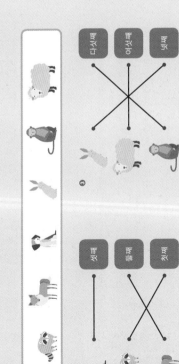

다섯째 · 여섯째 · 넷째

셋째 · 둘째 · 첫째

## P. 42 ● P. 43

# 4 주차

## 순서수

015

● 알맞게 색칠하시오.

넷은 양을 나타내고 넷째는 위치를 나타냅니다.

| 4 | 넷 | 넷째 |

① 2 | 둘 | 둘째

② 7 | 일곱 | 일곱째

③ 6 | 여섯 | 여섯째

④ 8 | 여덟 | 여덟째

---

월 일

● 알맞게 색칠하시오.

양을 나타내는 수에 '~째'를 붙이면 순서를 나타냅니다.

셋째

① 다섯

② 홀

③ 여덟째

④ 넷

⑤ 둘

⑥ 일곱째

⑦ 여섯째

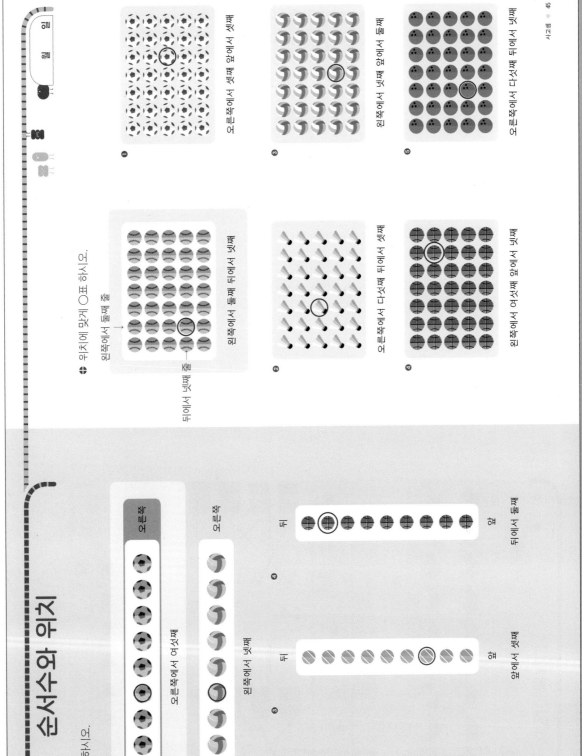

# ④ 주차

## 잘 공부했는지 알아봅시다

일 월

**1** 알맞은 것에 ○표 하시오.

① 넷째

② 일곱째

**2** 그림을 보고 순서에 맞게 선으로 이으시오.

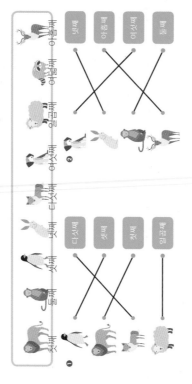

첫째　둘째　셋째　넷째　다섯째　여섯째　일곱째　여덟째　아홉째

①　다섯째　셋째　첫째　일곱째

②　넷째　여덟째　여섯째　둘째

**3** 알맞게 색칠하시오.

일곱(칠)

일곱째

46

## ⑤ 주차

# 1큰수

### ❚ 017

● 아래 그림보다 하나 더 많은 것에 ◯표 하시오.

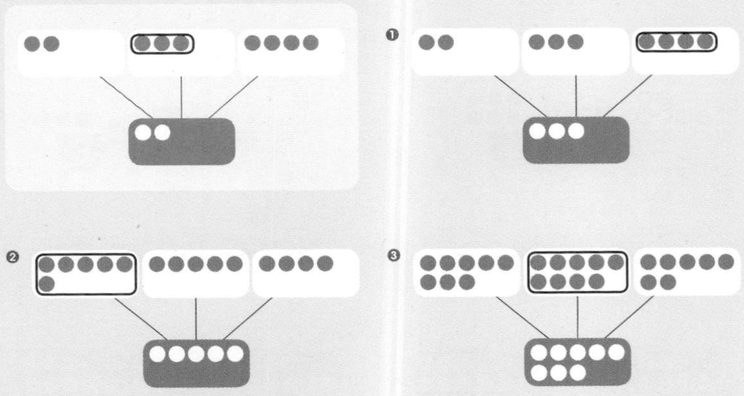

하나 더 많은 것이 1 큰 ⊕ 1 큰 수에 색칠하시오.
수임을 알게 합니다.

● 하나 더 많게 그리고, 빈칸에 알맞은 수를 세닐으시오.

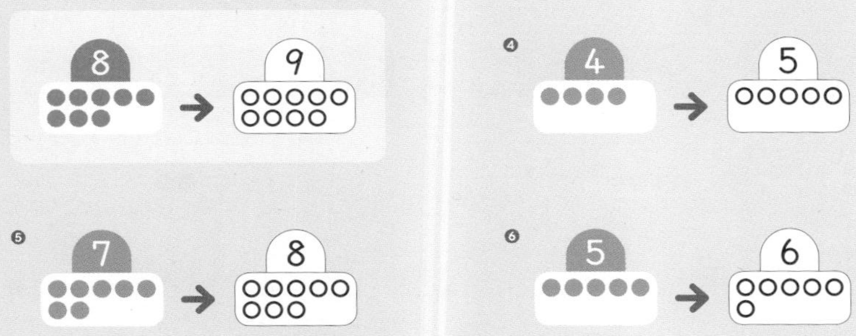

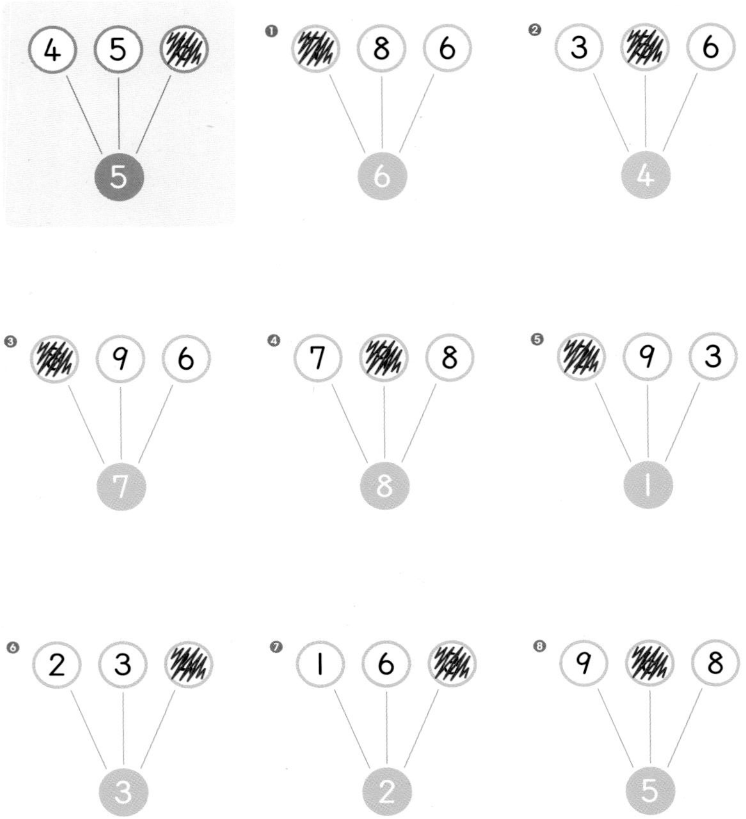

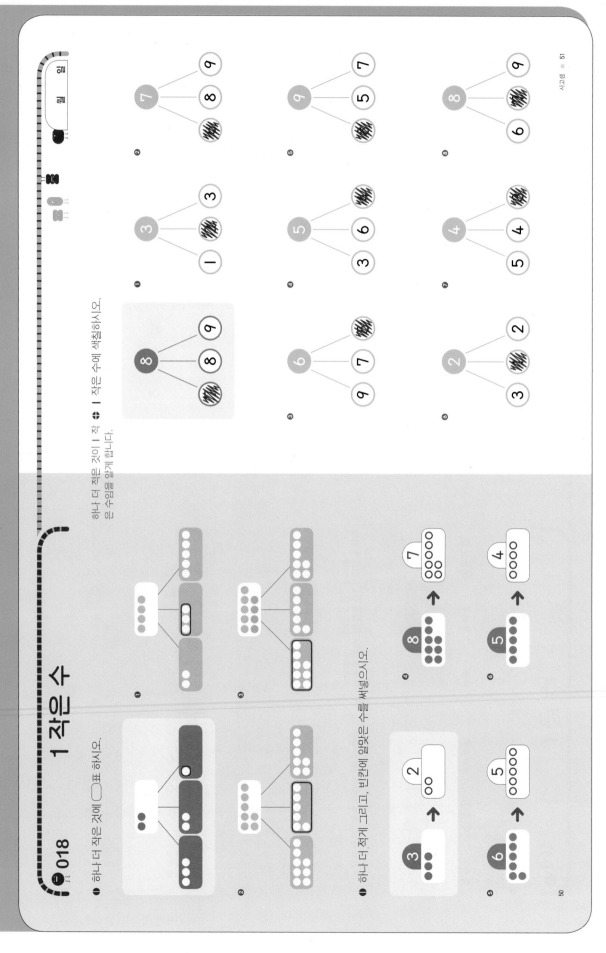

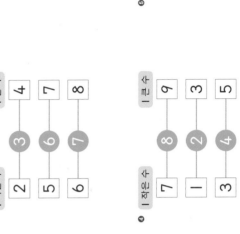
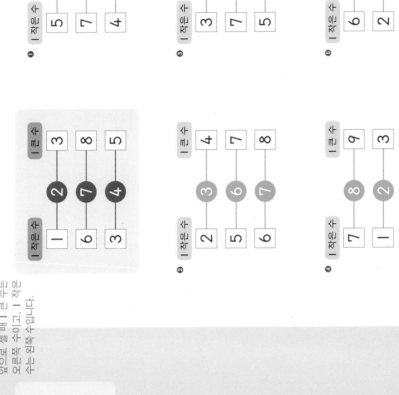
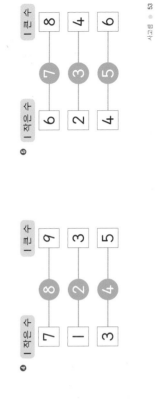

# 019 포도송이

● I 큰 수와 I 작은 수에 맞게 ●를 색칠하고 빈칸에 알맞은 수를 써넣으시오.

● I 큰 수와 I 작은 수를 써넣으시오.

앞으로 셀 때 I 큰 수는 오른쪽 수이고, I 작은 수는 왼쪽 수입니다.

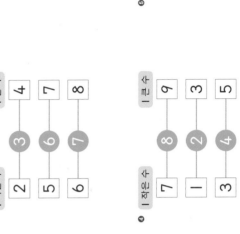

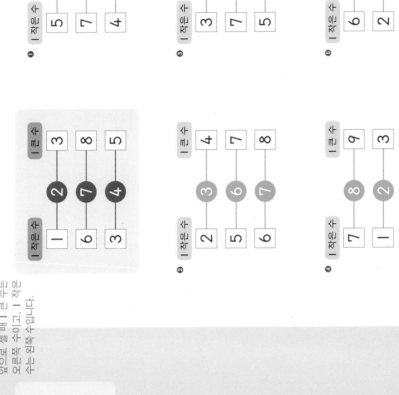

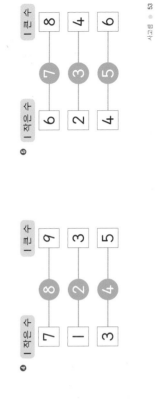

# 5 주차

## 020  1 대소 문장

● □ 안에 알맞은 수를 찾아 ○표 하시오.

9보다 | 작은 수는 □입니다.　9　5　7　⑧

① 7보다 | 큰 수는 □입니다.　6　⑧　4　3

② 5보다 | 큰 수는 □입니다.　4　5　⑥　7

③ 6보다 | 작은 수는 □입니다.　7　6　⑤　4

④ 8보다 | 작은 수는 □입니다.　6　⑦　8　9

⑤ |보다 | 큰 수는 □입니다.　|　②　3　4

⑥ 3보다 | 큰 수는 □입니다.　④　3　5　7

⑦ 2보다 | 작은 수는 □입니다.　4　3　2　①

⑧ 4보다 | 작은 수는 □입니다.　7　5　③　2

54

---

● □ 안에 알맞은 수를 쓰고, ( ) 안의 알맞은 말에 ○표 하시오.

7은 6 보다 크고, 8 보다 작습니다.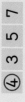

① 6은 5보다 크고, 7 보다 작습니다.

② 9는 8보다 | ( 큽니다 , 작습니다 ).

③ 4는 3 보다 크고, 5 보다 작습니다.

④ 5는 4 보다 크고, 6보다 작습니다.

⑤ |은 2보다 | ( 큽니다 , 작습니다 ).

⑥ 3은 2 보다 크고, 4 보다 작습니다.

⑦ 8은 7보다 크고, 9 보다 작습니다.

⑧ 2는 | 보다 크고, 3 보다 작습니다.

## 잘 공부했는지 알아봅시다

월 일

**1** 왼쪽 그림보다 하나 더 많은 것에 ○표 하시오.

❶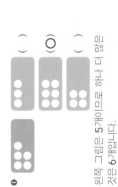

왼쪽 그림은 5개이므로 하나 더 많은 것은 6개입니다.

❷

왼쪽 그림은 7개이므로 하나 더 많은 것은 8개입니다.

**2** 왼쪽 그림보다 하나 더 적게 색칠하고, 색칠한 것의 수를 빈칸에 써넣으시오.

❶ 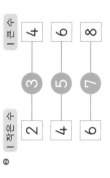 5

사과는 6개이므로 하나 더 적게 칠하면 5개가 됩니다.

❷ 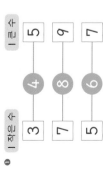 8

사과는 9개이므로 하나 더 적게 칠하면 8개가 됩니다.

**3** | 작은 수와 | 큰 수를 쓰시오.

❶

| | 작은 수 | | | 큰 수 |
|---|---|---|---|---|
| 3 | | 4 | | 5 |
| 7 | | 8 | | 9 |
| 5 | | 6 | | 7 |

❷

| | 작은 수 | | | 큰 수 |
|---|---|---|---|---|
| 2 | | 3 | | 4 |
| 4 | | 5 | | 6 |
| 6 | | 7 | | 8 |

**P. 56**

**5 주차**

# 6 주차

## 021 모양점

● 개수만큼 수를 쓰고, 더 큰 수에 ○표 하시오.

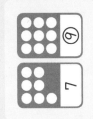

● 개수만큼 수를 쓰고, 더 작은 수에 △표 하시오.

사물의 개수를 비교할 때는 '많다', '적다'로 말하지만, 수를 비교할 때는 '크다', '작다'로 말합니다.

◆ 수를 쓰고 알맞은 말에 ○표 하시오.

❶ 8은 6보다 (큽니다, 작습니다).

❷ 4는 7보다 (큽니다, 작습니다).

❸ 3은 4보다 (큽니다, 작습니다).

❹ 2는 5보다 (큽니다, 작습니다).

❺ 9는 8보다 (큽니다, 작습니다).

❻ 3은 1보다 (큽니다, 작습니다).

❼ 5는 6보다 (큽니다, 작습니다).

❽ 7은 3보다 (큽니다, 작습니다).

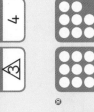

# ⑥ 주차

P.60 ● P.61

## 022 큰 수 작은 수

● 큰 수에 ○표, 작은 수에 △표 하시오.

큰 수에 ○표, 작은 수에 △표 하시오.

앞으로 세어 봅니다.
△3 4 ④

거꾸로 세어 봅니다.
⑥ 5 4 3

⊹ 가장 큰 수에 ○표 하시오.

앞으로 세어 봅니다.
1 2 3 4 5 6 ⑦

⊹ 가장 작은 수에 △표 하시오.

거꾸로 세어 봅니다.
7 6 5 4 3 2 ①

# 6주차

## 꼬리표

**023**

● 왼쪽 수보다 더 큰 수에 ○표 하시오.

**3**    2   3   ④
3부터 앞으로 세어 봅니다.
3 4

**4**    ⑥   2   4
4부터 앞으로 세어 봅니다.
4 5 ⑥

**5**    5   ⑧   3

● 왼쪽 수보다 더 작은 수에 △표 하시오.

**5**    6   5   △4
5부터 거꾸로 세어 봅니다.
5 △

**6**    7   △5   8

**3**    △2   4   5

① **7**    ⑧   7   6

③ **6**    5   3   ⑦

⑤ **8**    2   ⑨   6

② **2**    △1   2   3

⑧ **8**    8   △9   9

⑩ **7**    9   △5   7

---

● 왼쪽 수보다 더 큰 수에 ○표, 더 작은 수에 △표 하시오.

**3**    ⑦   △2   3
△2 3 4 5 6 ⑦

② **8**    △6   8   ⑨
△6 7 8 9

④ **5**    △4   ⑦   5

⑥ **6**    6   △4   ⑨

⑧ **7**    ⑧   △2   7

⑩ **4**    △3   4   ⑥

⑫ **2**    ④   △1   2

① **2**    2   ③   △1

③ **7**    △6   ⑨

⑤ **4**    4   ⑤   △3

⑦ **3**    ⑦   3   △2

⑨ **6**    ⑧   6   △4

⑪ **5**    △3   ⑧   5

⑬ **8**    8   △1   ⑨

## 024 다섯 수 비교

● 큰 수부터 차례로 쓰시오.

| 5 | 3 | 7 | 9 | 2 |
| 9 | 7 | 5 | 3 | 2 |

9부터 거꾸로 세어 봅니다.
9 8 ⑦ 6 5 4 ③ 2

● 가장 큰 수에 ○표, 가장 작은 수에 △표 하시오.

앞으로 세어 봅니다.
1 2 3 4 5 6 7 8 9

# ⑥ 주차

## 잘 공부했는지 알아봅시다

**1** 수를 쓰고 알맞은 말에 ○표 하시오.

①  3 7

3은 7보다 ( 큽니다 , 작습니다 ).

②  4 2

4는 2보다 ( 큽니다 , 작습니다 ).

**2** 왼쪽 수보다 더 큰 수에 ○표 하시오.

① 6 1 ⑨ 5

수를 순서대로 썼을 때 왼쪽의 수보다 오른쪽에 있는 수가 더 큰 수입니다.
① 1-2-3-4-5-6-7-8-9
② 1-2-3-4-5-6-7-8-9

② 7 6 2 ⑧

**3** 큰 수부터 차례로 쓰시오.

① 3 8 5 7 4

② 8 7 5 4 3

**4** 가장 큰 수에 ○표, 가장 작은 수에 △표 하시오.

① 8 6 ⑨

② 4 ⑦ 6

두 수씩 비교하여 가장 큰 수와 가장 작은 수를 찾을 수 있습니다.
수를 순서대로 썼을 때 가장 뒤에 있는 수가 가장 큰 수, 가장 앞에 있는 수가 가장 작은 수 입니다.

66

# 025 0과 10

● 개수를 세어 빈칸에 알맞은 수를 써넣으시오.

| 0 | 1 | 2 | 3 |
| 0 | 1 | 2 | 3 |
| 10 | 9 | 8 | 7 |
| 10 | 9 | 8 | 7 |

● 빈칸에 순서대로 수를 써넣으시오.

| 0 | 1 | 2 | 3 | 4 | 5 | 6 | 7 | 8 | 9 | 10 |

① 0 1 2 3 4 · · · 6 7 8 9 10
③ 0 1 2 3 4 · · · 6 7 8 9 10
⑤ 0 1 2 3 4 5 6 7 8 9 10

거꾸로 세면
5-4-3-2-1-0
1보다 I 작은 수는 0

앞으로 세면
6-7-8-9-10
9보다 I 큰 수는 10

● I 큰 수와 I 작은 수를 쓰시오.

```
   ← 작은 수  큰 수 →
2      3      4
```

⑥ 6  ← 작은 수 | 7 | 큰 수 → 8
⑦ 7  ← 작은 수 | 8 | 큰 수 → 9
⑧ 1  ← 작은 수 | 2 | 큰 수 → 3
⑨ 0  ← 작은 수 | 1 | 큰 수 → 2
⑩ 8  ← 작은 수 | 9 | 큰 수 → 10

# 7 주차

## 조건

### 026

● 조건에 맞는 수를 찾아 모두 ○표 하시오.

①
조건
7보다 큰 수입니다.

1 2 3 4 5
6 7 ⑧ ⑨ ⑩

7에서 시작하여 앞으로 셉니다.
7은 포함하지 않습니다.
7 ⑧ ⑨ ⑩

②
조건
6보다 큰 수입니다.

1 2 3 4 5
6 ⑦ ⑧ ⑨ ⑩

③
조건
4보다 작은 수입니다.

① ② ③ 4 5
6 7 8 9 10

④
조건
5보다 큰 수입니다.

1 2 3 4 5
⑥ ⑦ ⑧ ⑨ ⑩

⑤
조건
3보다 작은 수입니다.

① ② 3 4 5
6 7 8 9 10

①
조건
5보다 작은 수입니다.

① ② ③ ④ 5
6 7 8 9 10

5에서 시작하여 거꾸로 셉니다.
5는 포함하지 않습니다.
5 ④ ③ ② ①

● 두 조건에 맞는 수를 찾아 모두 ○표 하시오.

①
조건
8보다 작은 수입니다. 1,2,3,4,5,6,7 ┐6,7
5보다 큰 수입니다. 6,7,8,9,10 ┘

1 2 3 4 5
⑥ ⑦ 8 9 10

②
조건
9보다 작은 수입니다. 1,2,3,4,5,6,7,8 ┐7,8
6보다 큰 수입니다. 7,8,9,10 ┘

1 2 3 4 5
6 ⑦ ⑧ 9 10

③
조건
6보다 작은 수입니다.
3보다 큰 수입니다.

1 2 3 ④ ⑤
6 7 8 9 10

④
조건
7보다 작은 수입니다.
4보다 큰 수입니다.

1 2 3 4 ⑤
⑥ 7 8 9 10

⑤
조건
8보다 작은 수입니다.
4보다 큰 수입니다.

1 2 3 4 ⑤
⑥ ⑦ 8 9 10

조건
6보다 작은 수입니다. 1,2,3,4,5 ┐3,4,5
2보다 큰 수입니다. 3,4,5,6,7,8,9,10 ┘

1 2 ③ ④ ⑤
6 7 8 9 10

# 027 사이의 수

● 두 수 사이의 수를 빈칸에 써넣으시오.

3과 7 사이의 수

| 3 | 4 | 5 | 6 | 7 |

3에서 시작하여 7까지 셉니다.
3 ④ ⑤ ⑥ 7

① 1과 5 사이의 수

| 1 | 2 | 3 | 4 | 5 |

③ 2와 5 사이의 수

| 2 | 3 | 4 | 5 |

④ 4와 9 사이의 수

| 4 | 5 | 6 | 7 | 8 | 9 |

③ 5와 8 사이의 수

| 5 | 6 | 7 | 8 |

⑤ 2와 7 사이의 수

| 2 | 3 | 4 | 5 | 6 | 7 |

⑤ 3과 5 사이의 수

| 3 | 4 | 5 |

⑦ 6과 10 사이의 수

| 6 | 7 | 8 | 9 | 10 |

---

● 두 수 사이의 수를 찾아 모두 ○표 하시오.

5 ⎯ 8

5 8 9 ⑦ ⑥

5에서 시작하여 8까지 셉니다.
5 ⑥ ⑦ 8

① 3 ⎯ 7

⑤ ⑥ 3 ④ 8

3에서 시작하여 7까지 셉니다.
3 ④ ⑤ ⑥ 7

② 6 ⎯ 9

5 ⑦ ⑧ 3 6

③ 2 ⎯ 5

1 ③ ④ 2 5

④ 1 ⎯ 4

1 ② 5 ③ 4

⑤ 4 ⎯ 7

3 4 ⑤ 5 2 ⑥

⑥ 7 ⎯ 10

7 6 ⑧ ⑨ 5

⑦ 3 ⎯ 8

④ ⑤ ⑥ ⑦ 8

# 7주차

## 기구

### 028

● 조건에 맞는 수에 ○표 하시오.

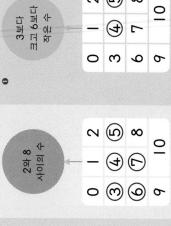

2에서 시작하여 8까지 셉니다.
2 ③④⑤⑥⑦ 8

● 조건에 맞는 수를 쓰시오.

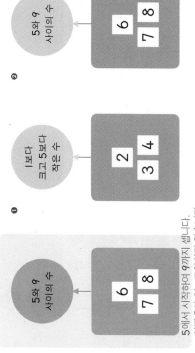

5에서 시작하여 9까지 셉니다.
이때 5와 9는 포함하지 않습니다.
5 ⑥⑦⑧ 9

# 7 주차

## 잘 공부했는지 알아봅시다

**1** 달걀의 수를 세어 보시오.

0　　1　　2

8　　9　　10

**2** 조건에 맞는 수를 찾아 모두 ○표 하시오.

조건
2보다 큰 수, 6보다 작은 수

1　2　③　④　⑤
6　7　8　9　10 ⎤공통된 수 : 3, 4, 5

2보다 큰 수 : 3, 4, 5, 6, 7, 8, 9, 10
6보다 작은 수 : 1, 2, 3, 4, 5

**3** 조건에 맞는 수를 모두 쓰시오.

❶ 1과 5 사이의 수

2, 3, 4

❷ 3과 7 사이의 수

4, 5, 6

# ⑧주차

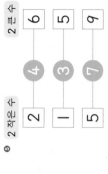

## 수직선

### 029

수직선을 보고 빈칸에 알맞은 수를 써넣으시오.

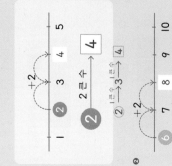

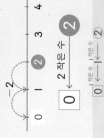

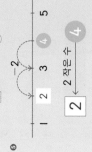

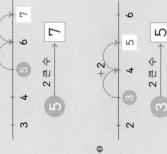

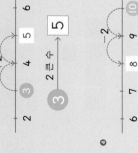

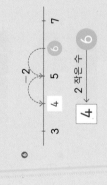

2 큰 수는 I 큰 수를 2번 ● 2 큰 수와 2 작은 수를 쓰시오.
하면 됩니다.
2 작은 수는 I 작은 수를
2번 하면 됩니다.

$3 \xleftarrow{-1} 4 \xleftarrow{-1} 5 \xrightarrow{+1} 6 \xrightarrow{+1} 7$

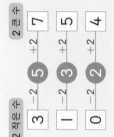

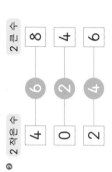

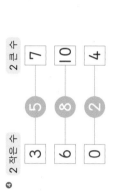

## 030 2 큰 수 2 작은 수

● 빈칸에 알맞은 수를 써넣으시오.

● 2 큰 수와 2 작은 수를 쓰시오.

## 031 화살표 규칙

● 규칙에 맞게 빈칸에 알맞은 수를 써넣으시오.

**규칙**
→ 1씩 커집니다.
→→ 2씩 커집니다.
←─ 1씩 작아집니다.
←← 2씩 작아집니다.

● 규칙에 맞게 빈칸에 알맞은 수를 써넣으시오.

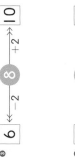

## 032 2씩 뛰기

● 작은 수부터 2씩 뛰어 선을 이으시오.

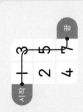

● 큰 수부터 2씩 뛰어 선을 이으시오.

2씩 앞으로 세기
1-3-5-7-9
2-4-6-8-10

2씩 거꾸로 세기
9-7-5-3-1
10-8-6-4-2

2씩 뛰어 세기는 짝수, 홀수 개념 형성에 도움이 됩니다.

❖ 2씩 뛰어 센 것입니다. 빈칸에 알맞은 수를 써넣으시오.

| 8 | 6 | 4 | 2 |

① 3 5 7 9

② 1 3 5 7

③ 6 4 2 0

④ 2 4 6 8

⑤ 7 5 3 1

⑥ 3 5 7 9

⑦ 4 6 8 10

⑧ 6 4 2 0

⑨ 1 3 5 7

⑩ 10 8 6 4

2

# ⑧ 주차

## 잘 공부했는지 알아봅시다

월 일

### 1 빈칸에 알맞은 수를 써넣으시오.

❶

| 1 | 2 | 3 | 4 | 5 | 6 |
| - | - | - | - | - | - |

❷
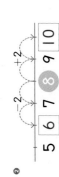

| 5 | 6 | 7 | 8 | 9 | 10 |
| - | - | - | - | - | - |

### 2 2 큰 수와 2 작은 수를 쓰시오.

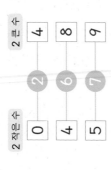

| 2 작은 수 | | 2 큰 수 |
| - | - | - |
| 0 | 2 | 4 |
| 4 | 6 | 8 |
| 5 | 7 | 9 |

### 3 규칙에 맞게 빈칸에 알맞은 수를 써넣으시오.

규칙

→ 1씩 커집니다.     ← 1씩 작아집니다.

⇢ 2씩 커집니다.     ⇠ 2씩 작아집니다.

❶

4 → 6 → 7 → 8 → 9

86

배운 개념을 끊임없이 되짚어주니까
새로운 개념도 쉽게 이해됩니다

**수학 개념이 쉽고 빠르게 소화되는 특별한 학습법**

· 배운 개념과 배울 개념을 연결하여 소화가 쉬워지는 학습
· 문제의 핵심 용어를 짚어주어 소화가 빨라지는 학습
· 개념북에서 익히고 워크북에서 1:1로 확인하여 완벽하게 소화하는 학습

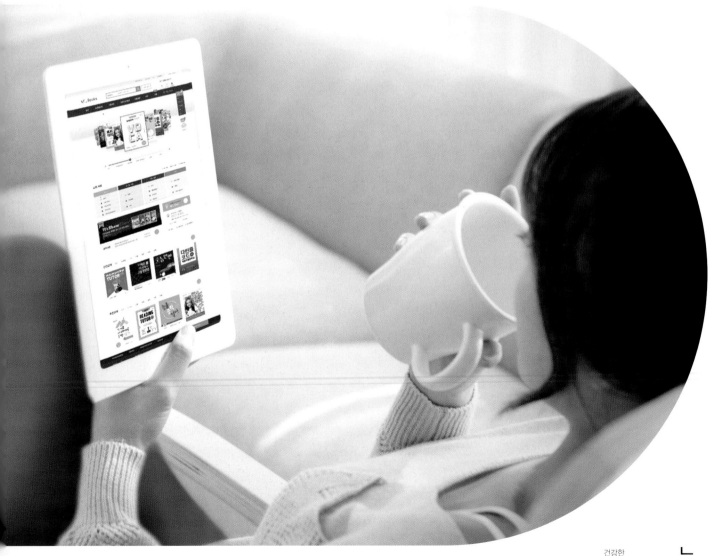